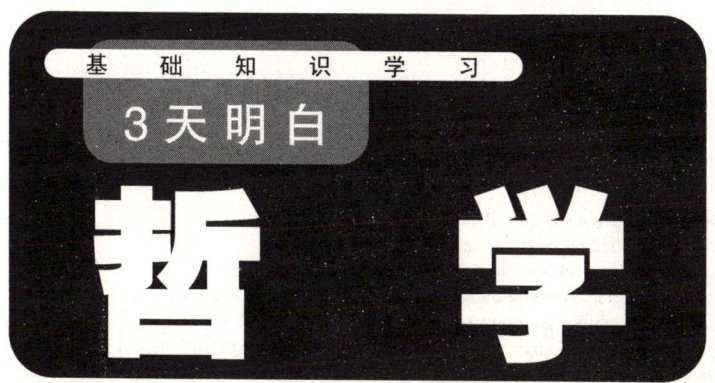

基础知识学习

3天明白

哲学

日本青山学院大学名誉教授
坂本百大　主编
胡金树　译

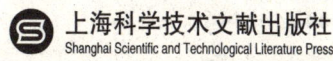

上海科学技术文献出版社
Shanghai Scientific and Technological Literature Press

图书在版编目（CIP）数据

哲学/（日）坂本百大主编；胡金树译．—上海：上海科学技术文献出版社，2014.10

（三天明白）

ISBN 978-7-5439-6394-8

Ⅰ.①哲… Ⅱ.①坂…②胡… Ⅲ.①哲学—通俗读物 Ⅳ.①B-49

中国版本图书馆CIP数据核字（2014）第240357号

MIKKA DE WAKARU TETSUGAKU by Diamond Inc.
Copyright © 2002 by Diamond Inc.
Original Japanese edition published by Diamond Inc.
Chinese simplified character translation rights arranged with Diamond Inc. through EYA Beijing Representative Office
Chinese simplified character translation rights © 2011 by Shanghai Scientific & Technological Literature Publishing House
All Rights Reserved

版权所有·翻印必究

图字：09-2009-711

责任编辑：曹文青　夏　璐
封面设计：许　菲

哲　学

日本青山学院大学名誉教授　坂本百大　主编　胡金树　译
出版发行：上海科学技术文献出版社
地　　址：上海市长乐路746号
邮政编码：200040
经　　销：全国新华书店
印　　刷：昆山市亭林印刷有限责任公司
开　　本：787×1092　1/32
印　　张：7.625
字　　数：183 000
版　　次：2014年10月第1版　2014年10月第1次印刷
书　　号：ISBN 978-7-5439-6394-8
定　　价：25.00元
http://www.sstlp.com

前　言

泰勒斯曾经说过："万物起源于水。"德谟克利特认为："万物始于原子。"古希腊哲学由此诞生，也许，哲学最初始于物理学也未可知。苏格拉底的"认识你自己"把以探究人类知识起源为研究对象的哲学扩大到了有关知识伦理与人生观的范畴。亚里士多德以此为基础，创立了从逻辑学到生物学的贯穿于现代的、几乎涉及各个方面的学说，之后又将这些问题高度概括，提出了更高层次的学说：形而上学。到此，哲学完成了它发展的初级阶段。简而言之，所谓哲学，即是对世上万事万物作刨根究底的分析研究，是理论上的一种尝试；同时，哲学因始终处在最高的位置上，可以从上而下对事实、现象等进行一览无遗的观察和思考。从这点出发，说哲学是统率各门学说的学问也不为过。

再往后，亚里士多德的哲学观点在中世纪的欧洲学界又刮起了一股旋风。科学(scientia)作为形而上学的哲学观点，以"万学之女王"而君临天下。但是，当时所谓的scientia(science)"科学"一词并非如现在所使用的具有"自然科学"的含义，而只是单纯指"知识"或"学说"。把各类知识和各门学说从整体上加以汇总，并给予其依据的学说，其存在形式即是哲学。

中世纪结束后不久，迎来了欧洲文艺复兴带来的快速科学革命时期，在各类新学科的发现过程中，知识的细分化和自然科学化开始显现，哲学和科学之间开始出现背离现象。始于牛顿的作为"辉煌科学时代"的近代，其实也是以笛卡儿、康德为代表的"辉煌的哲学时代"，同时也是哲学和科学不同观点交战的不幸的离别时代。

二十世纪是充满危机的时代。残酷的现代战争频频发生，科学成了杀戮的武器，而哲学则偏离了正确认识自然和社会的正确轨道。在人类跨入二十一世纪的当今时代，在所谓的"后现代主义"的名义下，可以看到哲学和科学似乎又重新开始谋求彼此的接近和融合。科学不再仅仅是追求现代所谓的清晰明了，而将目光投向模棱两可与混沌状态，开始把研究对象放在人类自己身上。而哲学则伴随其严厉的自律性而再次把目光转向科学，形成了"诸学之学"即所谓的"科学哲学"。

哲学是彻底的"本原之学"，也是严格的"全体之学"。因此，可以说哲学是深奥且非常难以理解的学问，要想在三日之内速成哲学是一项极其困难的任务，而我们现在就是想做这样一个尝试。如果说，读了本书后有人觉得自己已经懂得哲学，要么是其人确实有过人的天赋，要么就是盲目的乐观主义者。而以"3天明白"为努力目标，经过无数次反复学习、领会而仍然在知识的追求上没有得到满足的，才是平常人。我们希望通过对本书的阅读能让读者感到一种亲近感，并越过本书进一步加深自己对哲学的理解，这是我们的期待，也是出版此书的目的。

主编　坂本百大
2002年3月

目 录

前 言

第1章 哲学——王者之道

人类从古代已经开始不断地在思索
人究竟为什么而活着的问题 ……………………………… 1

掌握本章节的几个要点

哲学是人类从古代就已经开始
思考的关于宇宙世界与人生观的学问 ……………………… 2

◆ 正确推论①
什么是从哲学角度思考问题 ………………………………… 4

◆ 正确推论②
演绎逻辑是否走得太远,因此不起作用 …………………… 7

◆ 形而上学①
哲学能否证明上帝的存在 …………………………………… 10

- **形而上学②**
  哲学中关于"如果是那样的话",究竟意味着什么 …………… 13

- **先天性知识**
  是否有先于经验的知识 …………… 16

- **决定论 拉普拉斯之魔①**
  因果关系中魔的存在 …………… 20

- **决定论 拉普拉斯之魔②**
  拉普拉斯之魔是否掌握着命运 …………… 23

- **非决定论**
  宇宙万物是否只能从概率上加以认识 …………… 25

- **物理学与非决定论**
  光之实体究竟为何物 …………… 27

- **因果关系**
  复杂的因果链 …………… 29

- **认识论与怀疑论**
  知识从怀疑之中获取 …………… 33

- **经验论与存在论**
  所有知识是否都只能来源于经验 …………… 38

论坛 物理学与生物学的不同之处 …………… 42

第2章 日常生活中的哲学

何谓自我,何谓他人 ····· 43

掌握本章节的几个要点

何谓自我

心身是否同一 ····· 44

◆ 主观与客观
真理存在于心中还是身外 ····· 46

◆ 主观主义与客观主义的区别
伦理性与自然性 ····· 48

◆ 两个同一性①
孩提时代的"我"与现在的"我",为什么具有同一性 ····· 50

◆ 两个同一性②
心、脑是否同一 ····· 52

◆ 心身二元论①
什么是一元论、二元论和多元论 ····· 54

◆ 心身二元论②
自我或心灵是否可脱离身体、脱离客观世界而独立存在 ····· 56

◆ 唯物论还是物理主义①
宇宙万物皆由物质构成 ····· 59

- ◆ **唯物论还是物理主义②**
  宇宙万物是否都可给以科学的解释 …… 61

- ◆ **意识与无意识①**
  弗洛伊德学说是否科学 …… 63

- ◆ **意识与无意识②**
  色彩究竟是什么 …… 65

- ◆ **正常与异常① 关于价值的判断**
  亚里士多德的正常模式与达尔文的变异模式 …… 68

- ◆ **正常与异常②**
  何谓正常,何谓异常 …… 71

- ◆ **后现代主义①**
  存在主义的退潮与结构主义的抬头 …… 74

- ◆ **后现代主义②**
  哲学中是否存在客观主义的观点 …… 76

论坛 被排斥在物理学与心理学之外的生物学 …… 78

第3章 界面

介于各种关系之间的界面

心与身、人与机…… …… 79

掌握本章节的几个要点

界面——两个独立物之间的接口 ·············· 80

◆ 逻辑学
亚里士多德曾经思考过关于三段论的256种方法 ········ 82

◆ 逻辑实证主义
因"无意义"一词而导致婚姻破裂的逻辑实证主义者 ····· 84

◆ 语义悖论
苏格拉底与柏拉图两者之中谁正确 ·············· 86

◆ 不完备性定理
法庭与数学也未必能证明 ·············· 88

◆ 可能世界之含义
可与现实世界整合的哲学世界 ·············· 90

◆ 模糊理论
世界上有许多事情无法进行简单的剖析 ·············· 92

◆ 界面
心身之间的界面是什么 ·············· 94

◆ 信息
信息仅从数量上难以把握 ·············· 96

◆ 交谈
人类的语言由说话时的状态决定 ·············· 98

◆ **文本**
　文本存在于作品彼此的相互关系中 ……………… 100

◆ **语言行为**
　人的语言中包含了人的行为 ……………… 102

◆ **生命符号论**
　DNA中也有符号 ……………… 104

论坛　如何避免谬误哲学 ……………… 106

第4章　世界与知觉

我们所生活在其中的这个世界究竟具有什么性质，是一种怎样的结构 ……………… 107

掌握本章节的几个要点

在自然界和人类社会的各种现象中都存在哲学 ………… 108

◆ **无秩序状态**
　无秩序状态是分析复杂的自然界的方法 ……………… 110

◆ **染色体组**
　进化中保存下来的信息 ……………… 112

◆ **自创生理论**
　　人类为何能巧妙地学会骑自行车 ………………… 114

◆ **自我组织化**
　　新秩序因动而生 ………………… 116

◆ **免疫**
　　细胞能辨认自我与非我 ………………… 118

◆ **支应性**
　　人在某种环境下先于思维而作出的自然反应究竟是什么 ……… 120

◆ **相对论与时间**
　　相对论中的光速宇宙旅行是否等同于时间旅行 ………… 122

◆ **不确定性原理**
　　微观粒子的某些物理量如位置和动量,不可能同时具有确定的数值 ………………… 126

论坛　进化论是物理学中所没有涉及的全新的诠释方式　…… 128

第5章 生命伦理学

对于人类来说,什么是正义,什么是善举

随着社会的发展,人类开始面临各种新的问题 …………… 129

掌握本章节的几个要点

人类生存过程中几个重要的关于伦理方面的问题 ……… 130

◆ **生命伦理学**
伴随科学技术进步而产生的有关生命伦理问题 ………… 132

◆ **治疗前医生向患者介绍医疗内容及疗效等，征得患者同意后进入治疗阶段**
从战争审判与医疗事故判决中发展起来的医患关系 …… 134

◆ **自我决定**
所有人都能决定自己的生存方式 ……………………… 136

◆ **器官移植**
死者提供器官的意愿如何加以确认 …………………… 138

◆ **生殖医疗**
子宫属于个人还是属于社会 …………………………… 140

◆ **安乐死**
自然安乐死与给药安乐死 ……………………………… 142

◆ **遗传因子诊断**
遗传因子信息的私密性 ………………………………… 144

◆ **地球生态环境**
生态环境中的哲学 ……………………………………… 146

◆ **环境问题**
各种形态的生态环境 …………………………………… 148

- ◆ **女权运动**
  在医疗名义下对女性的侵害 150

- ◆ **生态环境与女权运动**
  对女性的歧视与生态环境保护的关系 152

- ◆ **克隆问题**
  人类侵犯了克隆人的人权 154

- ◆ **人工进化**
  随着人类对遗传因子的把握,是否会出现人工生命 156

- ◆ **共同体**
  不仅是生,也可共同体验死亡的感受 158

论坛 "哲学"的意义 160

第6章 哲人的轨迹

哲学始于古希腊

思考自我和宇宙世界的哲人 161

掌握本章节的几个要点

人类来自何处,世界是如何形成的

这是哲人们不断思考的问题,其历史轨迹大致如下 162

- **赫拉克利特(约公元前535—475)**
  什么是宇宙的本原"万物皆处于流动之中" ········· 164

- **苏格拉底(公元前470—399)**
  以母亲职业命名的问答法——"产婆术" ········· 166

- **柏拉图(公元前427—347)**
  非物质的、仅是纯粹头脑之中的存在——理念论 ········· 168

- **亚里士多德(公元前384—322)**
  在批判柏拉图的同时超越自我 ········· 170

- **奥古斯丁(354—430)**
  从哲学到信仰,所有一切都是上帝所赐 ········· 172

- **托马斯·阿奎那(1225—1274)**
  哲学只是解释基督教义的工具 ········· 174

- **弗朗西斯·培根(1561—1626)**
  摒弃偏见,从神学中脱颖而出 ········· 176

- **勒内·笛卡儿(1596—1650)**
  我思想所以证明我存在:"我思,故我在" ········· 178

- **巴鲁赫·德·斯宾诺莎(1632—1677)**
  即使从数学角度看,也会发现上帝的存在 ········· 180

- **格特弗里特·威廉·莱布尼茨(1646—1716)**
  上帝无处不在 ········· 182

◆ 伊曼努尔·康德(1724—1804)
   从神的哲学到人类哲学的转化 ………… 184

◆ 约翰·格特利布·费希特(1762—1814)
   只有自我才是唯一绝对的原理 ………… 186

◆ 弗里德里希·威廉·约瑟夫·谢林(1775—1854)
   自然中也有哲学：自然哲学的创立 ………… 188

◆ 格奥尔格·威廉·弗里德里希·黑格尔(1770—1831)
   被普遍提升的人类理性 ………… 190

◆ 卡尔·马克思(1818—1883)
   世界因阶级斗争而存在 ………… 192

◆ 埃德蒙特·胡塞尔(1859—1938)
   不断探索事物本质的现象学 ………… 194

◆ 马丁·海德格尔(1889—1976)
   对哲学科学化的批判，追求生的存在 ………… 196

◆ 弗里德里希·尼采(1844—1900)
   对基督教的批判与超越上帝的存在 ………… 198

◆ 亨利·柏格森(1859—1941)
   真实的存在只存在于生命之中 ………… 200

◆ 西格蒙德·弗洛伊德(1856—1939)
   梦——超越自我的无意识 ………… 202

- ◆ 查尔斯·皮尔斯(1839—1914)
  人类本是符号 …………………………………… 204

- ◆ 伯特兰·罗素(1872—1970)
  阿基里斯赶不上乌龟之悖论 …………………… 206

- ◆ 路德维希·维特根斯坦(1889—1951)
  曾确信哲学已得到充分的诠释 ………………… 208

- ◆ 威拉德·冯·奥曼·奎因(1908—2000)
  对逻辑实证主义的批判 ………………………… 210

- ◆ 阿尔伯特·爱因斯坦(1879—1955)
  世界上没有绝对的事物 ………………………… 212

- ◆ 让·保罗·萨特(1905—1980)
  人的一生被自由所束缚 ………………………… 214

- ◆ 莫里斯·梅洛·庞帝(1908—1961)
  存在是否已经被诠释清楚 ……………………… 216

- ◆ 雅克·德里达(1930—)
  对声音语言优先的形而上学观点的批判 ……… 218

- ◆ 吉尔·德勒兹(1925—1995)
  从源头对经验论与观念论的批判 ……………… 220

- ◆ 卡尔·R.波普(1902—1994)
  精神分析与黑格尔哲学的有害性 ……………… 222

作者介绍 ·················· 224

- 封面照片提供／三赛特（音译）
- 图版设计／丸山美智子

第1章 哲学——王者之道

人究竟为什么而活着的问题
人类从古代已经开始不断地在思索

◆ 掌 握 本 章 节 的 几 个 要 点 ◆

哲学是人类从古代就已经开始思考的关于宇宙世界与人生观的学问

基本原理

什么是哲学？查《广辞苑》（岩波书店出版）得知：在古希腊，哲学是一门普通的学问，此后因各门学科的分化与独立，哲学成了有关探索宇宙万物与人生价值的学问。哲学不再仅是经验的表述或某种宗教形式，而是作为理性认识的带有学术性质的一门学问。

其实，人类从远古时代就开始不断地在思索"什么是人生？""人应该如何活着？""世界是如何形成的？"等等。

这种对世界与人生的思考一直延续至今，并随着时代的变迁，新的问题不断地被提出来，也不断地产生着新的思想与理论。

从哲学角度思考问题的逻辑推理方法

亚里士多德曾说过"人类是理性的动物"，而合理的推理与推论是从哲学角度思考问题时的主要方法。推论包括三种形式，即演绎、归纳与假设。所谓演绎法是指：从某个前提出发，按照逻辑推理的方式得出某种结论；所谓归纳法是指：通过各种具体事例与现象导出一般规律；所谓假设是指：通过推理与想象提出解释问题的假设，再根据假设进行演绎推理。演绎法以亚里士多德提出的三段论最受人们欢迎。十九世纪中期后，新的演绎法的适用范围逐渐扩大，从而形成了现在的逻辑学。

上帝创造了世界吗

形而上学是研究世界上各种现象本质的学问。构成世界的一切事物中,如果说有开始形成该事物的某种原因存在的话,那么,应该有形成此原因的缘由存在。作为逻辑学创始人而广为人知的亚里士多德,在研究自然哲学中创建了形而上学体系,到了中世纪,又引进了天主教神学,从而提出了上帝作为世界万物之第一推动者的理论。

但是,没有理由认为世界万物是有限的,也没有理由认为必须有第一动因的存在,所以形而上学成了一种过时的学问。

世界上所有活动是否皆事出有因

所谓决定论是指:世界上所有活动皆事出有因。这已经被牛顿提出的力学观点所证明。物理学家拉普拉斯以投掷硬币决定胜负的方法对决定论作了解释。我们知道,胜负或先后顺序可以通过投掷硬币来决定,而硬币正、反两面出现的概率都是百分之五十。但是,拉普拉斯认为人类并没有真正掌握投掷硬币时正确的科学知识。投掷硬币时,只要懂得是正面着力还是反面着力,就可以取得预想的效果。

以往的物理学规律并不适用量子力学

相对于决定论而言的非决定论的代表学说是量子力学。我们知道,量子力学中氚原子的半数会衰变,衰变期为12.32年,但是,不清楚哪些有衰变,哪些没有衰变的原理,也无法找出其规律。从以往的物理学经验着手,也许大家认为可以比较容易地找出其规律,但以往的物理学理论并不适用于量子力学。

◆ 正确推论 ①

什么是从哲学角度思考问题

从前提导出结论有三种方式,即演绎、归纳与假设。

三种论证方式

从前提导出结论,我们称之为推论。只要想象一下推理小说中大侦探们如何思考问题就可以知道什么是推论,也可以回顾自己在中学时代曾经做过的几何证明题。人类与其他动物的区别在于:人类能通过大脑做出类似上述的推理或推论的合理思考。亚里士多德说:人类是理性的动物。合理的推理与推论正是亚里士多德从哲学角度思考问题时的主要方法。这里,我们就关于合理思考问题时所采用的推论作一个分析。

推论有三种方式,即:演绎、归纳与假设。所谓演绎法是指从一般的原理为前提,按照逻辑推理导出一个结论的方法,这正是合理思考的核心所在。举例来说:人总是要死的,A是人,所以A总有一天会死,这就是一个推理过程。

归纳法

与演绎法相对而言,归纳法是从各具体的事实和现象出发,推导出一般的命题和规律。譬如:从很多乌鸦是黑的这一现象出发推导出"乌鸦都是黑的"这一论断,但仅以部分乌鸦为依据推导出所有乌鸦都是黑的结论总让人感到有一点不连贯。仅从看到的部分乌鸦是黑的如何就能得出所有乌鸦都是黑的这一结论呢?演绎法作出的推论其规律非常清楚,没有类似归纳法中不连贯的思考方式。因此,将这一规律输入电脑,则不但是人类,即使是电脑也能作出相应的推论。另一方面,归纳法中因没有替代这不连贯思考的规则,所以,现在采用概率和统计等方式进行归纳推论。

三种推论方式

演 绎 法

前提(一般命题)→结论(必然性)

例如:① 人总是要死的
② A是人
③ 所以A总有一天会死

归 纳 法

有限的事实→一般的命题(可能性)

例如:① 观察到的乌鸦都是黑的
② 因此所有乌鸦都是黑的

假 设 法

给定事实→为了说明所给事实而提出的假设(假定设想)

例如:① C(大树倒在地上)不可思议
② 但是,如果A(台风来袭)则C(大树倒地)并不是不可思议的事情
③ 因此,A(台风)应该来过

附注 所谓归纳是指:从以实验结果为主的众多数据出发推导出某种规律的方法。

假设是发现的论证方式

所谓假设是指：为了对给出的结果作出解释而提出的假说，也称之为发现论证方式。根据C.皮尔斯定义，为了解释结果C而推导出假设A，是为假设方式。

观察到令人惊讶的事实C（例如：大树倒在地上）。

但是，如果A（例如：台风来袭）真来过，则C是当然的事实。

因此，有理由认为A真的来过。

为了解释某种结果（大树倒在地上），而提出似乎很有道理的假设（台风肯定来过），看来感觉比归纳法跨越幅度还要大。现在，人们也在考虑提出更为妥善解释的假说和设想，但是，如此大的跨越式的思考方式至今还没有找到让人能接受的规则（论证方式的结构）。（西胁与作）

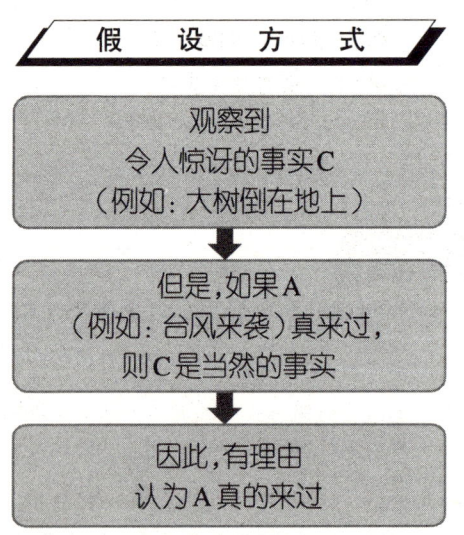

◆ 正确推论②

演绎逻辑是否走得太远，因此不起作用

亚里士多德以三段论为中心创建了演绎法体系，到十九世纪又因布尔与弗雷格而有了新的发展。

亚里士多德的三段论没有什么用吗

从论证方式的结构上看，唯一比较明快的演绎法可追溯到亚里士多德，他是最早提出以三段论为中心的演绎法的创始人。而更为令人惊讶的是，公元前由亚里士多德创建的这一论证方法的体系到十九世纪还有很多人将它作为自己的必修科目。但是，由于演绎法只能适用于非常单纯的推论，所以有些人认为它并没有多大的用处。如在我们记忆中的形式推论就包含了"那是很自然的事，实际上并不需要推论"的含义。三段论中只包含两个名词且可用于推理与结论的例句有："所有A都是B"与"某A是B"，以及它的否定形式"所有A都不是B"与"某A不是B"。又如：从"所有动物都不是机械"与"某动物是狮子"这两个前提出发，可以推导出"狮子不是机械"的结论。

但是，当该项前提的举例并不表述它的属性，而是表述它的关系时，则情况又有所不同。譬如：从"所有大象都比猫大"，而"所有猫都比蚂蚁大"这两个前提出发，可以毫无疑义地得出"所有大象都比蚂蚁大"的结论。然而，亚里士多德的三段论却并不能证明它的正确性，这是因为亚里士多德的三段论中"什么比什么大"的举例一开始就不能出现在前提与结论中的缘故。

附注 所谓演绎法，是指从一般推导出个别的论证方式。

超越亚里士多德

打破亚里士多德演绎法在理论上的局限性是十九世纪中叶的G.布尔（数学家、逻辑学家）与十九世纪后半期的G.弗雷格（数学家、哲学家）。演绎法的正确性与适用范围的扩大形成了现在的逻辑学。亚里士多德体系所未能证明的推论，布尔与弗雷格轻而易举地给予了证明。

下面的解释虽然还比较粗糙，但简单地说就是采用符号来使用日常语言，使之更浅显易懂。我们日常所使用的语言，因其丰富的表述能力，而常常牺牲了逻辑上的明晰性。此外，语句的表述还必须遵照一定的语法规则而有其一定的局限性。为了解决这两个问题，撇开日常的语言，使用体现明晰与符合逻辑的人工符号就可以比较清晰地进行表述。

这些人工符号其实并不是什么新的东西，而是利用以往数学上的记叙法并将其展开而已。如$X \to Y$（如果是X则必是Y）那样，其实只是在某种程度上将其用于日常语言的表述。初、高中阶段大家在学习数学并使用符号表述时内容会变得更加明确，弗雷格等再次建立起来的演绎法体系，不但可用于数学与哲学方面的研究，而且可用于语言学以及计算机科学。

注意避免谬误

使用语言符号可以更正确地把握一些曾经是模棱两可的哲学和科学问题，从而往正确答案迈进了一大步。此外，过去曾认为尚未解决的问题也不再成为问题，并且成了积极解决问题的手段。所谓使问题明晰化，就是使用语言作清晰的表述，而使用语言符号使人类取得了各种成果。那么，语言符号究竟是什么？或者说使用语言符号取得了什么成果？对这两个问题的理解虽然非常重要，但是，这儿希望大家对存在于其中的带根本性的问题，即进行正确推论的重要性先有一个比较清晰的认识。

在我们周围有很多初看似乎很正确，但实际并非如此的推论或推理，正确的做法是敏锐地把握其表象下所隐藏的东西。实际生活中我们所接触到的大部分谬误，譬如：从"日本人的平均身高低于美国人"这点出发而得出"太郎在美国人中属于身高较矮的人"的结论。这不但是纯粹的逻辑上的谬误，也是我们的知识和经验与逻辑纠缠在一起的谬误。仅仅是逻辑上的谬误还比较容易识别，但是，如果与经验性的知识结合在一起时，我们的合理追求就会被其内容所吸引过去，从而产生谬误。哲学有一点很重要，即考虑问题一定要采取审慎的态度，不要被表面现象所迷惑。（西胁与作）

欧洲逻辑学史

古代

唯名论
《工具论》（亚里士多德）

命题论
由斯多葛学派创立

中世纪

经院哲学
天主教学院派创始的
《逻辑学纲要》（西斯潘诺）
《逻辑大全》（奥卡姆）
包括推断逻辑学

近代

波尔·罗亚尔
《波尔·罗亚尔逻辑学、别名思考术》
（阿尔诺&尼格尔）

近/现代

符号论
《逻辑学的数学分析》（布尔）
《论概念和对象》（弗雷格）
《数学原理》（拉塞尔&怀特海）

◆形而上学①

哲学能否证明上帝的存在

迄今为止的形而上学,就是研究并弄清宇宙万象隐藏在表面底下的实际存在的事物,但在思考关于存在的无限时则不可避免会有它的局限性。

■ 探寻存在之存在

前面我们已经叙述了有关逻辑学创始人亚里士多德的一些情况。使亚里士多德成名的还有形而上学。形而上学很久以来是作为哲学领域的一个分支而存在,是一门研究宇宙世界各种现象背后的存在,其首先的研究对象就是所有存在的事实与现象。换言之,就是探寻构成宇宙世界的一切基本原理。上述有关形而上学的解释虽说是摘自辞典上的相关说明,但仅凭这一点恐怕还没有人会信服,形而上学是否还在继续相同的研究对象与研究态度也让人心存疑虑。形而上学的英文是Metaphysics,Physics的意思就是物理学,而其中的"Meta"就是"在……之后,其次"的意思。也就是说Metaphysics就是"物理学之后的研究对象"。亚里士多德就是在掌握了关于自然的各方面知识并在研究了有关自然的基本属性后,开始了形而上学的研究。

■ 宇宙世界是否是"上帝"创造的

综观形而上学的历史,就如亚里士多德那样,是与有关自然哲学结合在一起的。而在牛顿的物理学之后,研究对象从有关自然的事实与现象转移到了探究物理学的基础概念上来,并一直延续至今。

此外,亚里士多德的形而上学体系引入了中世纪天主教神学,开始思考有关上帝与自然以及与人类之间的关系。这种形而上学研究的代表性例子就是"上帝存在的证明"。

上帝存在的证明

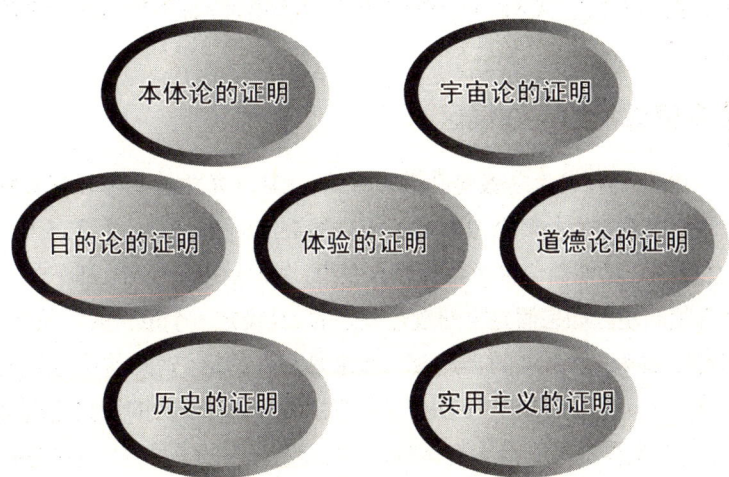

举例来说，如果宇宙世界有一个开始，那么，现在我们所处的这个世界上的所有活动都是有原因的，而在其原因中应该还有形成此原因的原因存在，顺此体系前进，则必然有"初始"，即"第一动因"。

这个第一动因应该并不是我们现在的"宇宙世界之物"。如果是现在的宇宙世界之物，则必定有其存在的原因，则不可能成为第一动因。如果真是那样，则引起宇宙世界活动的必有一个具有第一动因性质的东西存在，这大概就是所谓的抽象的"上帝"。由上帝的存在并产生第一动因、从而创造了世界这一观点，应该说比较可以接受了吧。但仔细想来还是有许多疑问。

首先，宇宙世界的活动是有限的这一最初的前提就存在着很大的疑问。其次，所谓"第一动因"的推论也缺乏依据。对迄今为止形而上学方法论的认识模糊不清不也正是我们现在的思维方式吗？确

附注 所谓"形而上"指的是无形之物。与此相对应的"形而下"则是指具体可能摸到的有形之物。

实,中世纪时人类不愿意谈论,甚至对宇宙没有起始、宇宙无限等概念怀有恐惧之感,所以"无限"这样的概念应该抹去。而对生活在现代的我们来说,"无限"已经成了既不令人惊讶,也不再为此恐惧的概念了。

■ 有限前提中存在误区

中世纪人类为之感到恐惧的所谓"无限"究竟是一种怎样的概念呢?首先,请大家思考的是关于自然数的问题。0、1、2、3、4……0之后都是正整数。自然数到底有多少、如何给以证明等,都不是一个麻烦问题。如果假定自然数是有限的,且设定一个最大的数是n,则可以到达一个n+1的自然数。如果是那样的话,则此前设定的最大自然数n要比n+1小。因此,当初假定的最大自然数的设定是错误的,这个世界上没有最大自然数,自然数是无限的。并且,不仅是自然数,无限种类的事物也是无限的。

这表明了什么呢?如前述"上帝存在的证明"那样,最初提出"有限"这样一个前提不言自明存在误区,所以,中世纪之后对"无限"的恐惧已经完全没有必要。在现代哲学与科学方面,以无限概念为主的观念已经得到广泛的认同。(西胁与作)

◆形而上学②

哲学中关于"如果是那样的话",究竟意味着什么

> "如果是那样的话"是原因—结果与前提—归结两个不同关系的双重表述。

表述因果关系的"如果是那样的话"

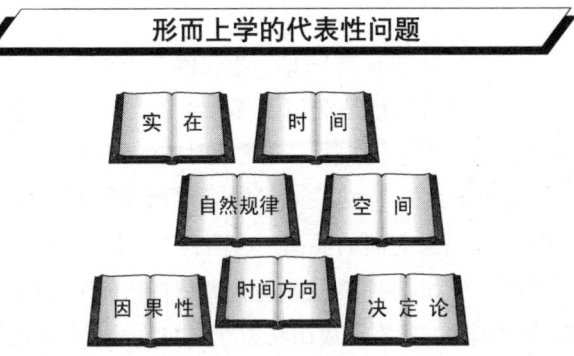

形而上学的代表性问题:实在、时间、自然规律、空间、因果性、时间方向、决定论

与自然哲学结合的形而上学中究竟有些什么问题呢?如前述与物理学基础结合在一起的情况会比较多一点,其代表性的问题可参考上图。要考虑因果性与决定论这样的问题,首先应弄清楚起着基本作用的"如果是那样的话"这一表述方式的含义。

所谓的因果,就是指原因与结果,以"如果是A,则为B"这样的方式来表述。如果原因是A,则B是果,A变为B,则A已不复存在。反过来也一样。也就是说,现实生活中的"原因—结果"与逻辑学的"前提—归结"之间的关系看似相同,但实际上并不相同。关于前提与归结在逻辑上的关系,按其规律在某种程度上还是可以理解的,但是关于原因与结果之间的因果关系则只能通过经验才能认识。例

如:"1+2=3"从理论上可以理解,但"抽烟必患肺癌"的因果关系则无论怎样考虑,从"逻辑"上也是比较难以理解的。

逻辑关系与因果关系其实并不相同

那么,"如果是A,则为B"这样一个单纯表述中的"如果"究竟表述的是哪一种意思呢?其实,它包含了原因—结果与前提—归结这两种(根本不同)关系的双重含义。这一点可以从下述例句中去仔细体会。

例句①中的"如果那样的话"是逻辑学上的"如果",从前提x+y=z到2z=x+y+z的归结是逻辑关系(含义)的表述。变数x、y、z是自然数或实数,例句①成立。与此相对应的例句②中"如果是那样的话"是因果关系的"如果",表述的是"西胁"状态与"成田"状态之间的原因与结果之间的关系。这两种"如果"的区别在哲学上是非常重要的。例如,例句①之前提与归结在任何时候都是成立的,但是例句②中西胁的状态与成田状态之间的关系则并非任何时候都是成立的,它受时间因素的约束。如果西胁生气在先,而成田在后不哭,则因果关系不成立。

科学研究也适用"如果"

令人感兴趣的问题是,日常生活中"如果是那样的话"在逻辑与因果关系中,两种含义并列的事情并不仅仅在日语的表述中出现,英语中的"if then"也同时具有这两层意思。这种"如果是那样的话"所包含的两层意思不但在日常生活中,即使在哲学与科学的研究方面也被采用。例如,作为物理学理论的力学就采用了数学的表述方式。运动方程式是数学的研究对象,它使用逻辑学上的"如果"改变方程的形式从而找到正确的答案。而在运动方程式中填入实际的数

两种"如果是那样的话"

1 如果 $x+y=z$ 则 $2z=x+y+z$

> 逻辑学上的"如果"

2 西胁如果生气,则成田哭泣

> 因果关系的"如果"

值,则可得到某个时点的位置与速度。也就是说,将现实的物理世界的事实作为前提与归结,不仅在逻辑学方面加以解释,并将其"原因与结果"作为替代的概念加以使用。方程式中的"如果"用于实际生活中时,为了说明(解释)事实与现象,由表述因果关系的"如果"来替代完成。数学之所以能为物理学作用,是因为我们巧妙地将这两种"假如"的共同部分加以区别使用,并付诸以相互关系的结果。

将逻辑学上的"如果"替代因果关系的"如果"并不是始终成立的。我们并不明确了解具备何种条件使这种替代才得以成立,但是,各个具体的替代是否正确,在某种程度上可以凭经验知道。因为在解释某种物理现象时可设想需要多少数量加以解决,并且数学家、物理学家们也在试图加以具体说明。形而上学就整体上说并不全都存在认识上的误区,对形而上学所涉及的有关思维分析方面的问题应该加以具体分析。(西胁与作)

◆先天性知识

是否有先于经验的知识

不需要求助于经验也可证实其为真理的，称之为先天性知识；必须求助于经验才能知其为真理的，谓之为后天性知识。

■ 总是真实的

大家是否听到过同义反复"tautology"这个词呢？这是任何时候表达都是"真实"的含义。"今天晴或者今天非晴"之间用"或者"这个接续词将两者联系起来，表述形式为"P或非P"。这个例句看起来没有提供任何有用的信息，而且谁都不会认为它提供了某种知识或信息，但是它并没有错。"P与非P两者必居其一"、"晴或非晴两者必居其一"，"P即P"、"晴即晴"，就是狭义上的同义重复，在逻辑学上具有总是真实的性质。例如，从"所有独身者都是未婚的"这句话看，"独身"与"未婚"是不同的两个词汇，但意义相同，所以可以得出"所有独身者都是独身"这一同义反复的结论。这样的命题即使作了改变仍保持它的真实，这一广义的同义反复在哲学上称为分析命题，将独身者与未婚一词替换后，独身＝未婚，成立。因此，所有独身者都未婚就包含了真实的含义。

■ 无须求助于经验证实的命题

同义反复与分析命题因为其真实性，所以无需通过实验与观察，或凭借过去的经验来决定它是否正确，我们把无须求助于经验就能证实其是否真实内容的称为先天性知识。

另一方面，未必总是"真实"的综合性的命题，例如：对"下届首相是A"这样一句话，普通人不可能判断其是否正确。而对那些一定

先 天 与 后 天

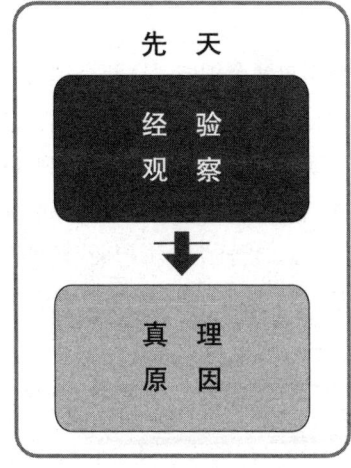
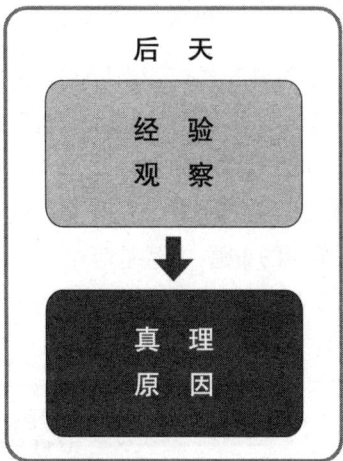

要凭借经验才能判断其正确与否的称为后天性知识。预测是否正确要看预测内容是否能实现,为确认其内容是否能实现,需要依靠经验来解决。

与前述分析命题与综合命题是语言阶段上的区别相对应,先天与后天是我们处在如何获取知识的认识阶段上的区别。同义反复与分析命题总是真实的,其内容具有必然性,而综合命题的内容则似乎是偶然的,是根据生活中的实际情况,有时真有时假。这里有必然与偶然的区别。总是真实的事是必然的,非真实的事是偶然的,这是存在阶段分类上的区别。通过上述,我们可以认为有这样三个区别,即:分析与综合、先天与后天以及必然与偶然三类区别。

分析命题是否总是真实的、先天性的并且具有必然性?如果不管何时,分析=先天=必然、综合=后天=偶然的等式成立,则所有问题都可以弄清楚了。但是,问题在于虽然具有密切的对应关系,如

附注 所谓同义反复,是指例如"猴子是猴子"这样的相同意思词汇的重复表述。

果其中出现哪怕是些许微妙不一致的地方都会产生各种问题。

■ "先天"的奇妙关系

德国哲学家康德认为,先天性真理来自两个领域。这两个领域包括数学与系统化经验。先天性真理可以分为综合与分析两个方面。以往的数学命题(例如,1+1=2)被看作是"分析的、先天的",但康德则将其归类为"综合的、先天的"。数学方面具有代表性的例子是欧几里得几何学的命题:直线是两点之间最短的连线。但仔细分析起来,直线的含义是指笔直的线,并不包含最短的线这样的含义,最短的线是我们凭借经验获取到的知识。

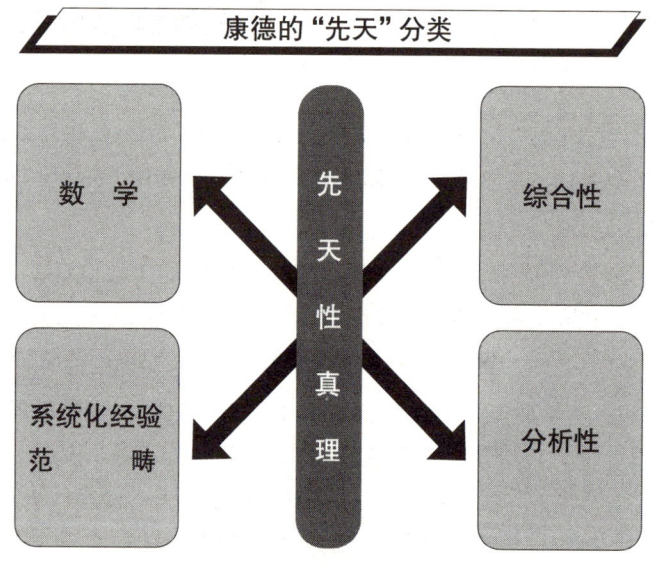

虽然如此,欧几里得的几何学是否就是康德所谓的先天的概念呢?进入二十世纪后,欧几里得几何学与相对论的结合却发现作了错误的预测。同样,康德认为在"先天"中因果决定论同量子力学结合时

也发现预测有误。

换句话说,因新学说的创立而使原来被认为是真理的,譬如欧几里得的几何学等,在某些情况下却可得出并不一定正确这样一个结论。总是真实的(分析)可能因具体情况的不同而出现有时真、有时假的不同结果。(西胁与作)

附注 康德:德国著名哲学家。批判哲学的创始人,之后批判哲学又作为德国启蒙思想的学说得到了进一步的发展。

◆决定论 拉普拉斯之魔①

因果关系中魔的存在

在投掷硬币决定胜负或先后顺序时,只要掌握加在硬币上的外力是在硬币正面还是反面,就可以正确预测硬币的正反面。如此说来,概率性的规律是否就是严格意义上的科学规律呢?

■ 宇宙万物中的因果关系

所谓"决定论",就是指世上所有的活动都是以往存在的原因所造成的结果。这种观点随着牛顿力学的出现,作为现实决定论而被具体化,也被称为是有关自然的"(台球)弹子说"。决定论的精髓经过物理学家拉普拉斯所虚构的万能者"拉普拉斯之魔"而对其作了巧妙的诠释。

■ 拉普拉斯证明了投掷硬币决定胜负或先后顺序的结果并非偶然

我们一般认为,投掷硬币或骰子决定胜负或先后顺序的方法是一种典型的基于概率的例子。并且,实际上数学教科书中也有关于投掷硬币出现的正反面的概率是各百分之五十的说法。这样的类似概率方面的事情在我们的生活中非常熟悉,譬如在游戏或比赛需要决定先后顺序时采用的比较公平的手段就是投掷硬币或骰子。当然,投掷硬币或骰子也有被用做赌博工具的情况。但是,假定我们相信原因导致结果的决定论是正确的,那么,不管是正反,总有一面会出现难道不是预先就决定了的吗?为了回答这个问题,拉普拉斯之魔作出了如此答复。

■ 拉普拉斯之魔如是说

拉普拉斯之魔具备了投掷硬币方面的完美无缺的知识,对硬币

对称性原理

出现非对称性结果是非对称性原因导致的

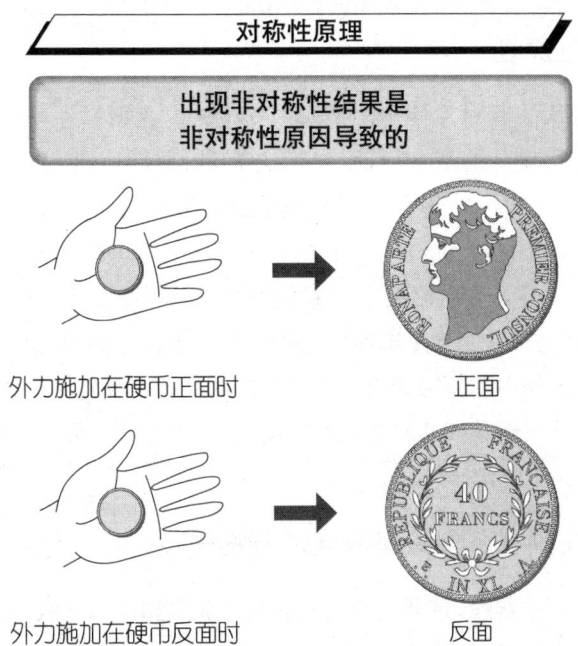

外力施加在硬币正面时 → 正面

外力施加在硬币反面时 → 反面

出现正面还是反面这个问题认为从物理学角度是可以预测的。拉普拉斯关于投掷硬币过程中出现的概率问题可以作这样的解释:

人们由于不懂关于投掷硬币的物理学方面的知识,所以不能进行正确的预测,认为投掷硬币只不过是一个概率问题。而拉普拉斯之魔把握了投掷硬币时所施加力的非对称性(即到底是正面出现的力在起作用,还是反面出现的力在起作用)原理,也就是说,拉普拉斯掌握了投掷硬币时施加在硬币上的是怎样一种力量,从而可以正确地预测硬币出现的是正面还是反面。可以说,投掷硬币不管出现的是正面还是反面,总有一个出现正、反面的非对称性的力量在起作用,其原因就在投掷硬币最初所施加的非对称性的力量在某个地方起了作用。

> **附注** 牛顿是通过苹果落地从而发现万有引力的著名物理学家。而证明有关太阳与行星之间的万有引力定律的著作《自然哲学的数学原理》更巩固了其不可动摇的地位。

对称性原理

可以认为非对称性理由是可以接受的。之所以这样说,实际上这就是物理学的基本原理,被称之为"对称性原理(Principle of Symmetry)"的一个例子。所谓原理是指:出现非对称性结果是因为导致该结果的原因是非对称性的。只要这个原理是成立的,那么,拉普拉斯只要弄清投掷硬币所施加的力量是在硬币的正面还是反面,就能从物理学角度正确预测投掷结果。对于拉普拉斯之魔来说,投掷硬币过程中的原因导致一个必然的结果就是决定论。所以,出现正面还是反面是偶然的观点是错误的,自然过程中发生的概率性事物其实并不包含什么。

概率法则充其量只是收支决算报告

按照上述解释,依赖概率决定胜负或先后顺序只是我们人类尚未掌握有关知识而已。如果我们能掌握相关的知识,则完全没有必要依赖所谓的概率性事情。拉普拉斯之魔认为,有关概率性的规律只是单纯对一些表象性的东西所作的观察结果,从严格意义上说并不是科学法则。原来所谓的概率说只是反映了当时的无知,这就像世上本来并没有幽灵,但根据人们想象出来的幽灵可以编造出一些所谓的法则。(西胁与作)

◆决定论 拉普拉斯之魔②

拉普拉斯之魔是否掌握着命运

主张根据原因可以决定结果称之为决定论。所谓命运论是不管做任何事情,过去、未来都是一开始就已经决定了的。

决定论与可预测性被视为同一的观点

通晓世事的拉普拉斯之魔,为了预测应该具备瞬时完成精确测算的能力,这也是拉普拉斯之魔必须具备的条件。但如同已经说过的那样,所谓的决定论就是叙述自然现象如何发生的过程,与投掷硬币预测正反面的认识没有任何关系。而将决定论同预测硬币正反面视为同一性的理由在于力学的运动方程式。在运动方程式中,如给予对象初期条件(初始位置与速度),则可得到某一时刻的位置和速度。如初期条件肯定,则某一时刻的位置与速度的预测是可能的,这点已经在数学上得到了验证。如果以运动方程式为基础进行思考,而以目前的状态作为初期条件,则不仅可以正确预测未来与过去,而且在实际计算中也是可行的。

决定论等同可预测性,对决定论=可预测性的理解与认识也是赋予拉普拉斯之魔的作用。

决定论并非命运论

拉普拉斯之魔的理论是否可以用于我们的日常生活呢?说对自我或他人的行为进行预测几乎是不可能的是否又反映了人类的无知?这里,决定论与命运论(fatalism)的区别显得尤为重要。决定论是指:如果过去不同则现在也不同,同时认为目前自己所做的事情如果采用其他的方法也可能给予未来所发生的事情以影响。

附注 所谓命运论,是指人类的行为与宇宙万物之存在是由超越人类意志的规律所决定的。

决定论与命运论

决定论

认为宇宙世界所有事实与现象都是由现行原因决定的。虽然非常容易与命运论混淆在一起,但是与由某种意志在起作用这一点上的认识还是有所不同。

命运论

所有事情的结果都是由预先所定的命运(必然性)所决定的。与决定论不同,它并不认同假设的因果关系。

但是,命运论否定这个观点。命运论认为:不管你现在要做什么都与你的过去与未来无关。也就是说,命运论与决定论所主张的正好相反。命运论认为我们的信念与欲望要求都无力改变结果。而决定论则认为,信念与欲望要求决定了我们的行动,即认为:信念与欲望要求导致我们行动,信念与欲望要求改变着这个世界。

拉普拉斯之魔具有完全把握宇宙世界在某一时点处于何种状态的能力,而且也了解宇宙世界所有时点所处的状态,但是,并不具有改变这个状态的能力。从这点看,对拉普拉斯之魔来说,谓宇宙世界是决定论的,倒不如说是命运论的比较合适。自由意志的介入是否可能与决定论和命运论所持的观点正好相反。(西胁与作)

◆非决定论

宇宙万物是否只能从概率上加以认识

决定论不适用于量子力学。

■ 从量子力学角度考察非决定论

我们已经对决定论观点作了分析,其中还可隐约看到非决定论的存在。例如,在数学与物理学方面,许多事实未能得到证明,或者以函数计算的可能性尚未得到证明是大家都已经知道的。这来自我们所使用的逻辑与理论的性质,与宇宙世界发生事情的起因同非决定论无关。那么,我们在认识论方面的非决定论与其他有关宇宙世界所发生事情的非决定论之间的区别是怎样的呢?这就是我们现在需要讨论的问题。主张非决定论的理论中存在量子力学。现在我们来思考一下量子力学究竟在哪些方面可以说它是非决定论的。氚(超重氢)是氢的同位元素,其半衰期为12.32年是人所共知的。N个超重氢原子的半数在12.32年以内衰变,所剩的一半仍维持不变。N个原子中哪些已衰变,哪些没有衰变在原理上还没有弄清。但是,应该可以说各原子在各特定的时刻衰变,我们也希望什么时候有机会可以找到那样一个规律。很遗憾的是,这是一个不可能实现的愿望,之所以这么说,是因为量子力学在本质上是非决定论的缘故。

■ 物质世界的经验法则并不适用量子力学

单个原子可以按时间进行跟踪的设想在微观世界并不成立,哪些原子以及何时衰变难以掌握,所以非决定性衰变模型只能采用概率的方法进行。从多数氚原子团看,单个原子的衰变时刻虽然无法知道,

附注 所谓量子力学,是指以分子、原子以及基本粒子等微观粒子为研究对象的物理学,是赋予光与电子等粒子侧面与波侧面双重性质的理论。

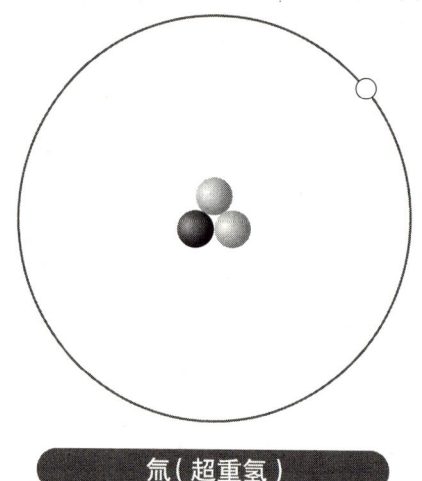

超重氢的波尔模型

氚（超重氢）

氚是氢的同位素。通常，氢的原子核由一个质子构成，氚由一个质子和两个中子组成。有放射性，半衰期12.32年，β衰变。（原子核释放出β线，衰变为其他原子核）

但是，在某一时刻尚未衰变的大致的数量是可以预测的，并可以通过衰变概率模型表达。虽说非决定性与概率深深结合在一起，但并非逻辑上的结合，这种结合需要经验性的确认与证实。（西胁与作）

◆ 物理学与非决定论

光之实体究竟为何物

牛顿说：光是粒子。惠更斯说：光是波。之后的研究认为：光具有波与粒子的双重性。

不确定性原理

不知道大家是否听说过"不确定性原理"这个词？它由海森堡提出，即微观粒子，如电子等的某些物理量（如位置和动量）不可能同时具有确定的数值。海森堡所谓的"不可知"的含义是：如果承认有关量子力学是物理实在的理论是正确的，那么位置与动量不可能同时具有确定的数值。如果这个确定的数值不存在，则电子活动不可预测，因而处在不确定关系中，这个不确定性关系统治着量子力学整个领域。

光是粒子也是波

光在物理学上是一种令人非常感兴趣的研究对象。在我们的周围都有光的存在，但长期以来人们对光并没有一个真正的了解。对光模糊不清的认识自牛顿以来引起了不断的争论。牛顿认为光是粒子，惠更斯认为光是波。不可思议的是：在宏观水平上，光实际上具有粒子与波的双重性质。但是，在显示光以波为代表的具有某种干扰现象的杨氏"双狭缝"实验与麦克斯韦尔电磁学理论的影响下，一直到二十世纪初，光是波的想法远远占据着主导地位。这种优势直到前期量子力学的普朗克与爱因斯坦的研究出现后才被纠正，并认定光具有的粒子的性质与波的性质在物理学上具有同等的依据。光在一些场合具有波的性质，在另一些场合则具有粒子的性质。这就是光的粒子与波的双重性。

动量与位置的关系

> 动量的确定性——位置的不确定性

> 位置的确定性——动量的不确定性

再往前,提出物质波理论的是德·布罗意。布罗意认为动量与波长之间的值成反比。以此为基础,我们来思考一下关于光的双重性与量子的双重性之间的关系。因为光的存在并不受空间范围的限制,所以没有确定的位置。这与将量子视为波是同样的道理,即没有确定的位置。可以将数个不同波长重叠成一个紧凑的波束,但是,波束动量则被限制在一定的宽幅之内。也就是说,波束的动量是非确定性。从这点看,上图所示关系可以成立。

量子力学认为微观物理世界是非确定性的,迄今为止这种观点已经被许多经验所证明。当然,这还需要以概率与统计方法从客观上加以解释,这不是因为我们无知而使用概率方法,而是因为其所具有的不确定性,所以我们才使用概率方法。(西胁与作)

◆因果关系

复杂的因果链

> 按常识说,发生某种行为时,其精神起着很大的作用。但是,至今我们仍然不了解精神作用与物质世界之间的关系。

精神方面的因果关系

因果关系究竟是一种怎样的关系是哲学家们一直在考虑的问题。这里,我们暂且将类似物质运动的因果关系搁置一边,思考一下人类日常活动的因果关系。

在人类的行为中当然有因果关系方面的变化,但这与石头从高处滚落下来不同。人类是按自己的意志或行走或跑步,而精神介入其中促使身体开始运动或结束运动。从这点看,可以认为信念与欲望要求是原因,而行为是结果。

对此类精神方面的因果关系,许多哲学家展开了争论,但是很难取得一致意见。这是因为精神方面的因果关系不仅存在于精神之内,同时也存在于精神之外。关于精神如何影响物质,或者反过来被影响的具体原因,都未弄清楚。

自由与必然之谜

人类行为的发生有因果关系且包含在因果关系中。如果将因果链的其中一部分取出来看,就可以看到如下图所示的关系。

常识告诉我们,人类的某种行为精神起着重要的作用。精神所起的作用应该与物质世界之间存在着某种关系,但究竟是什么关系尚不清楚,而由这个尚不清楚的关系所引起的典型问题就是有关"自由与必然"之谜。如果人类的信念、欲望与要求以及行为等处在人

附注 所谓因果关系是指原因与结果的关系。最初从哲学角度提出这种关系的是古代的德谟克利特。

因果链1

- 环境（物质世界）遗传因子
- 精神（信念+欲望要求）
- 行为

类自身所不能控制时，应该说人类自身应该如何处理的自由并未参与其中，而是由环境与遗传因子决定了人们的精神世界，且该环境与遗传因子是人们所能控制范围之外的因素。如果是那样的话，为什么可以说人类行为是自由选择的结果呢？谜，仍然没有解开。

自由与必然能否统一

看上去不似"自由行为"的行为在我们日常生活中随处可见，并且由此造成各种各样的社会问题。例如：有偷盗癖好心理行为的人因为并不是他自己自由支配发生的行为，是否就能免除他的法律责任呢？存在于此类问题背后的就是困扰我们的因果性（因果作用）的概念。

因果关系所涉及的主要有以下两种观点：

确定性→只要对因果关系事实完整地进行描述，则可知道未来必然会发生什么。

不确定性→即使给予现实以完整的描述，未来还是存在两种以上的可能性。

因果关系的确定性是指：所有因果关系事实中决定未来的只能有一个

事实。如果所有物质的存在都是必然的，并且假设精神也是物质的，那么人类的行为也将由物质的因素来决定。实际上，古典力学就一直主张物质确定性。这种世界观一直到二十世纪还为人们所相信，但是随着量子力学的出现，不确定性原理开始渗透其中。在社会学、心理学以及物理学之外的领域，人类行为与意识的自由自古就被认同，在十九世纪社会科学方面，已经采用概率与统计的方法来分析了解关于包含自由在内的人类行为所可能导致的结果。

■非决定论能否保证自由

精神是否是物质的观点我们暂且不说，首先，我们所面临的问题是必须在以下两项中作出选择。仔细回想一下有关拉普拉斯之魔的介绍就可以知道，如果关于决定论的理论是正确的，则我们曾经认为有用的概率方法只是表明了人类的无知。反过来说，如果决定论是错误的，那么概率就可以换成可能性的说法。不确定性是指未来存在两个以上的可能性，所以概率论（＝可能性）就是关于宇宙世界的客观叙述。

那么，如何理解人类的"自由与必然"呢？不确定性能否成为有关人类自由与必然理论的依据呢？如果说概率论是宇宙世界客观事实的叙述，则有关行为的因果关系应该作出如图所示（因果链2）的修正。这里，我们试对人类的信念、欲望要求等因环境、遗传因子、偶然性而被改变作一思考。

如果决定论不认可人类的自由意志，则偶然性也将不认可人类的自由意志。人类并不是按自己的意志自由行事，所有一切都被偶然性所左右，人类的自由决断并没有参与其中。

▋只有因果性才能揭开自由之谜

从迄今为止对因果关系所作的解释看，实际上因果作用在决定论成立的世界也是可能的，非决定论中也存在因果作用。这从原因与结果之间存在着某种概率性的联系看就比较清楚。也就是说，因果性与决定论、因果性与非决定论可以各自同时成立。即使量子力学认为决定论是错误的，也并没有否定因果性本身。所以，可以认为只有因果性才是思考自由因素的关键所在。（西胁与作）

◆认识论与怀疑论

知识从怀疑之中获取

人类的知识结构如何？笛卡儿与休谟就经验性知识提出了完全不同的观点。

▎什么是知识

首先对几种具有代表性的关于知识的论述作一介绍。柏拉图在对话《梅农》中曾这样描述：知识与正确的意见其实是相同的，在"西阿提塔斯"中说过："知识是正确的信念。"那么正确的信念，也就是所谓知识的整体结构究竟是如何的呢？亚里士多德的观点是：证明科学性知识的前提是知识必须是原始的，并且根据其他东西是不可以证明的基础性知识。亚里士多德第一次提出了关于知识的基础论，也就是说，知识是在此正确的基础之上逐级地堆砌上去并由此构成知识整体的。

之后，笛卡儿的知识怀疑论通过自身精神方面能力的调查，找出了可以掌握知识的基础。根据这个结果，笛卡儿认为自己是因为精神的存在而存在，确信因为精神的存在而外部世界存在。与此相对的是休谟对经验性知识彻底的怀疑态度。

▎笛卡儿的推论

笛卡儿与休谟在经验性知识方面提出了完全不同的两种观点。首先是笛卡儿的推论：

① 我现在对存在于我面前的是黑板一事确信无疑。
② 我现在抱有的信念是明晰且确实无误的。
③ 明晰且确实无误的观念是真实的。

附注 柏拉图将真实的知识称为"真知"，将通过感觉、经验而获得的信念称为"臆断"。

笛卡儿的知识基础论

① 我现在对存在于我面前的是黑板一事确信无疑。

② 我现在抱有的信念是明晰且确实无误的。

③ 明晰且确实无误的观念是真实的。

因此,存在于我面前的是黑板。

笛卡儿的知识基础论可以归纳为以下两点:
- 此推论的前提 ① ~ ③ 是不可怀疑的。
- 结论是所要认证的命题。

因此,存在于我面前的是黑板。

笛卡儿的知识基础论由前提①~③是不可怀疑的部分与结论,即由认证的命题两部分构成。按照笛卡儿的说法,知识的正确性可以从内部证明,前提原来是否正确可以通过观察自身内部知晓。如果知道"结论是真实的",则必须知道结论的前提是真实的。

■ 休谟的推论

休谟的观点是什么呢?宇宙世界所发生的事情是因果关系的信念来源于理性与经验,休谟对其中的理性持怀疑的观点。所谓知识怀疑论是指我们人类对宇宙世界的认识只能是部分的,譬如,今天太阳升起来了,但是从严格意义上说,我们并不知道明天太阳是否还会升起来。不仅如此,我们甚至不能保证明天之后的太阳是否还会升起。按照常识来说,要相信信念的预测与由此及彼的推论,必须有足够的证据证明才行。譬如，如图所示的推论虽不是演绎性的，但通过经验可以证明是可靠的。

从经验角度看充分可靠的推论

> **个别到一般**
>
> 我见到过很多绿宝石，这些绿宝石都是绿色的。因而，所有绿宝石都是绿色的。

> **预测**
>
> 我见到过很多绿宝石，这些绿宝石都是绿色的。因此，我认为之后所看到的绿宝石应该都是绿色的。

新的前提

如何使个别到一般和预测能比较合理呢？休谟的前提是：在自然同一性原理（PUN）中，未来与过去相似。如果这个前提存在，则如图中绿宝石由个别到一般和预测是可以成立的。因此归纳法推论在PUN的假设条件下是合理的。但是，PUN自身是否正确呢？这正是休谟接下来要关心的问题，休谟是按以下方式进行推论的：

① 所有归纳推论必须具备作为其前提的PUN。

② 归纳推论产生的结论如果从前提看是合理的，则其前提必须是合理的。

③ 因此，如果归纳推论产生的结论是合理的，则PUN是合理的。

④ 如PUN是合理的，则PUN正确的归纳推论或者正确的演绎推论是不可或缺的。

⑤ 有关PUN正确的归纳推论是不存在的，因为那样的推论是循环式的。

⑥ 没有关于PUN的正确的演绎推论。理由是PUN在先天性方面是既不真实，也不可能从观察中演绎性导出的。

⑦ 因此PUN不可能是合理的，预测和由个别到一般的信念是不

> **附注** 笛卡儿出生于法国，在耶稣基督教会学校学习，一生都是天主教徒，但是对经院哲学仍心存疑虑。

可能有合理化解释的。

对休谟推论的斟酌与思考

所谓的自然同一性就是认为：未来与过去相似。那么，是否可以认为根据归纳法就可以掌握真实呢？如果真是那样，则归纳推论可按如下表述：自然与我过去的观察具有同一性，因而，自然基本上具有同一性。

这个推论具有归纳性。根据休谟的说法，所有归纳性推论都具有作为前提的PUN，所以该推论是循环式的。也就是陷入了自然具有同一性，所以自然是同一性的这样一个循环式中。那么休谟的知识怀疑论是否可以克服呢？如果归纳推论中一定要采用PUN，则PUN又意味着什么呢，是否可以是下列其中的一条呢？

未来所有一切都与过去相似。

未来在某一点上与过去相似。

要对PUN特点作严格意义上的描述比较困难，这暗示了休谟推论有再格式化的特点。现在，我们可以经常听到的是贝叶斯统计法，该方法以概率的方式使归纳趋于合理，不能说是百分之一百，但从概率角度考虑了如何使其更加合理的问题。

笛卡儿与休谟的比较

我们对笛卡儿与休谟作了大致的比较，这里再对两人的怀疑论观点作个比较。笛卡儿与休谟都是知识基础论者，其理由是两人都认为：如果信念是合理的（被感知），则可以根据更基础性的问题使其合理化（如表中所示❶、❷、❸各个层次）。

休谟与笛卡儿的观点简要介绍如下：

休谟：如果层次3的信念可以使之合理，则层次2的基础必

笛卡儿与休谟的怀疑论

休 谟	❸ 预测和个别到一般	太阳明天也会升起吧。 太阳总在升起。
	❷ 现在与过去的观察	太阳正在升起。 我所观察的日子太阳总在升起。
笛卡儿	❶ 不能怀疑的信念	就像我正在观察太阳升起那样。 就像我现在回想起观察日子的太阳总是升起的那样。

须合理。

笛卡儿:如果要使层次2的信念合理,则层次1的基础必须合理。

笛卡儿与休谟的结论正好相反。笛卡儿是根据层次1认为层次2可以是合理的,休谟则得出层次3不可能从层次2中得出合理的结论。笛卡儿认为两个层次的结合需要上帝的存在,上帝不会欺骗我们。(西胁与作)

> **附注** 休谟:英国哲学家。因为是无神论者,所以未能在大学谋得职位,只能一边工作(如从事家庭教师、秘书以及图书管理员等),一边从事关于哲学方面的写作。

◆经验论与存在论

所有知识是否都只能来源于经验

> 强调知识只能通过经验获取的称为经验论。认为有超越人类意识与经验之存在的则称为存在论。

▍是经验的,还是超越经验的

所谓经验论是指：知识只能通过经验获得。这里包括两种观点。一种认为：经验之外不存在任何东西；还有一种认为：承认有超越经验的存在,但我们并不能从中获得知识。有无超越经验的存在姑且不论,经验论认为所有知识来源于经验,经验对知识而言是十分必要的。所谓经验世界是指感性认识的世界。英国哲学家洛克认为：刚出生的孩子精神世界是一张白纸(tabula rasa),通过感性认识可以在白纸上写上原理与知识。

▍真理问题

存在论认为有超越人类意识与经验的存在。存在论有各种各样的观点,例如独立于经验论的存在,存在是真理也是"存在论"的观点之一。我们可以从什么是真理出发对存在论作一思考。判断某段文字是否正确,存在论认为人们对某段文字如何认识是独立思考后决定的。文字对独立于精神的存在作出描述,并对照存在决定文字是否正确。与此观点相反的是检验主义,文字是否正确抽掉检验是不能确定的。并且,文字是否正确依赖于我们如何进行检验,不同的检验者对真理的概念也会有所不同。于是就产生了这样一个问题,即真理是独立于人类意识与思考而存在(存在论),还是真理不能脱离人类意识与思考而独立存在(经验论)之分。

科学与经验主义

真理的具体例子是科学理论,我们可以此为基础对存在论与经验主义作一比较。科学是我们关于感性世界的认识。如果我们的知识不可能超越经验而获得,则必须确定①可以掌握的命题范围与②推定什么是真理的合适方法的范围。为什么这么说呢?所谓不能超越经验,其含义就是必须设定一个不能超越

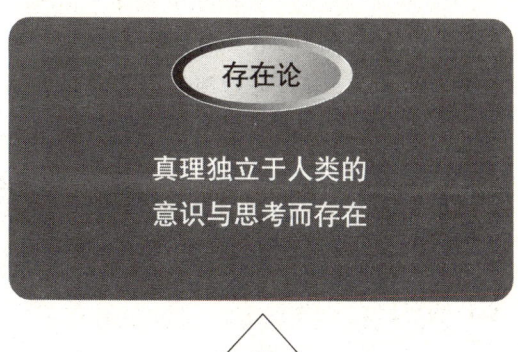

关于真理问题

存在论

真理独立于人类的意识与思考而存在

真理不能脱离人类意识与思考而存在

经验论

的界限与范围。经验主义者从这里把观察命题与理论命题加以区别(例如,一般规律与原理),就是要明确理论命题的真理并不能从观察命题中推导出来。那么,②之经验主义者所容许的推定范围是什么呢?采用演绎与单纯归纳的方法进行推论,经验主义者对此也予以认可。那么假设又是什么呢?作为最佳解释推论的假设是解释经验而作的假设,也就是从可观察的前提出发,推导出作为结论的理论上

的假设。反对存在论将经验作为一个结构来处理的思考方式是：科学就是对可观察对象的真实的描述，而不是对那些不可能观察的对象的描述。当然，所谓可观察对象就是我们可以观察的对象。结构性经验主义并不认同假设观点，如果断言所有乌鸦都是黑的，就意味着所有X，假如X是乌鸦则该X是黑的含义，因此，这个断言就是关于世界上所有有关X的断言。如果世界上还包含有不可观察的对象，则如乌鸦那种由个别到一般的推论还应该涉及有关不可观察对象应该如何看待的问题（不仅是乌鸦，还有尚未产生的东西也属于不可观察的对象）。

假设论与存在论

有一种观点是采用假设赞同存在论的观点。譬如，假定某科学理论进行了正确的预测因而是可以接受的，那么，为什么这个理论是可以成立的？说这个理论进行的预测是正确的，其理由是什么？如果这个理论所假设的是不可观察的对象，则该理论预测的成功之处是所假定的观察对象如文字所述是存在的，是可以按理论所主张的假设对该事物的性质作最佳解释的，这就是假设论。从可观察前提出发，引导出与此不同的假定的结论，这也是采用假设方法时先提出论点是否合适的分歧之处。

存在论与经验主义的缺陷

实际上经验主义与存在论都有缺陷。经验主义者认为我们知识的获得不能超越经验，而存在论者认为我们对了解不可观察对象的能力与了解可观察对象的能力都是强有力的。经验主义者的思考方式，例如在思考关于科学问题时有将科学推论的能力"缩小"的缺陷，而存在论则有将其过于"扩大"的缺陷。

那么，有没有第三条路可走呢？关于不可观察对象的知识，例如在作理论上的假设时是否可以对可供测试命题的内容加以限制呢？即使是在有关颜色是三原色还是二原色的不同假设的前提之下，有关颜色的认识方面的事实并没有改变，其描述也并无不同之处。独立于理论假设的是经验与事实。

通过经验不能加以识别的东西在科学上也是不可识别的。因此，有关通过经验不可识别的两种理论的其中一种是否正确，在科学上也是不能加以判断的。这就是说，仅仅是经验主义者的知识是不完全的，同时也表明对存在论也不能不加以分析就囫囵吞枣。科学理论是否能在经验论与存在论之间找到适合自己的位置，大家正拭目以待。（西胁与作）

附注 这里所谓的存在论是指：世界的存在是超越意识与精神的存在。

论 坛
趣味哲学拾零

物理学与生物学的不同之处

关于物理学与生物学的区分方法

物理学是理论性知识,而生物学是我们生活中的工具性知识,这就是一般对这两门学科的区分方法,并且直到现在这个观点似乎仍然通用。此外,认为生命是自然科学所未涉及部分的看法也并不稀罕,甚至持有生命用科学还无法解释这一观点的人也不在少数。这种对生命的看法是否正确呢?这些看法原本是如何形成的呢?

中世纪以来,有关自然的研究分为自然哲学(Natural Philosophy)、自然史或称之为博物学(Natural History)两个部分。然后逐渐演变成物理学与生物学。自然哲学的代表是牛顿力学,自然史的代表是各种博物志与图鉴。而"力学"与"图鉴"是两个领域不同象征的代表。

自然哲学的目标是揭示自然的基本结构(自然规律),并且使用这些规律来解释自然现象。另一方面,在自然史方面则是赴野外进行考察、记录与将分类的对象进行汇总等。两者的不同是"说明"与"记录"的不同,这种不同的背后就是物理与生命现象。在这一分为二的条件下,生命现象成了自然史的研究对象。因此,生命现象不是所谓的解释对象,而是一个记录对象。

始于中世纪的传统

当我们把物理学与生物学看作是不同的两门学科时,其实这种传统区别即使在目前也还私下存在。此外,试图通过调和两者而使生命现象还原为物理现象时,则以可以解释的物理现象为基础可记录,但将不能解释的生命现象通过物理现象加以解释的传统仍然存在。对大多数人来说,用物理的与生物的两个形容词来对自然现象加以区别,直到现在仍然不会感到有不自然的地方。从这个意义上可以说始于中世纪的传统仍然留传至今。(西胁与作)

第2章 日常生活中的哲学

何谓自我,何谓他人

掌握本章节的几个要点

何谓自我
心身是否同一

真理在何处

有两种说法,主观性与客观性。所谓主观性是指:某人所说事情的真伪存在其人心中,所谓客观性是指:真伪独立存在于对该事物进行观察的人心之外。那么,伦理道德等是主观还是客观的呢?认为伦理道德仅仅是个人观点的是主观主义,认为独立于人的观点作为客观伦理事实存在的是客观主义。

在这两者之间的是约定论。约定论者认为:伦理事实是存在的,只是凭个人观点及相互间的约定而成立。

心身是否同一

宇宙世界的本原由两个方面或对象组成的哲学理论就是二元论。所谓两个方面或对象是:例如善与恶、光明与黑暗、理性与感性等相互对立的事物。二元论的典型是笛卡儿的心身二元论。心与身是两个不同的存在,在这两者之间的是因果关系的相互作用。

笛卡儿认为:思考,是因为思考之人的存在,因而是不可怀疑的。你可以怀疑一切,但不可怀疑正在思考着的我的存在,可疑之心与不可疑之身是不同的两个对象。

"我思,故我在",笛卡儿这一名言即来之于此。所谓的"怀疑"是人对事物的态度,因可疑与不可疑而断言心身之间无关的说法是不成立的。

一元论与多元论

在笛卡儿二元论之外的是多元论与一元论。所谓多元论是指：主张世界的本原有多个的哲学理论。一元论是指：主张世界本原只有一个，如果这种本原是物质的就是唯物论，非物质的就是唯心论。很多人在学生时代学过逻辑学与哲学，也学过马克思的唯物论与黑格尔的唯心论。并且，大家也还记得马克思把黑格尔的唯心辩证法用于物质世界从而创建了唯物辩证法这一过程。

唯物论始于古代

说起唯物论，谁都会提起马克思，其实这个唯物论观点古代就已经存在。例如古希腊的德谟克利特认为：所有物质都由原子（atom）构成。所谓唯物论是指：物质是构成宇宙世界基础的原理与存在，否认精神与唯心论的观点。此外，唯物论也称为物理主义，认为"所有自然现象都是物理现象"（自然主义）。

心灵是否也可进行科学分析

也有不少人对自然主义持批判态度。这是因为对"人之心灵也作为物理现象看待有抵触情绪"。很多人认为：有关人的伦理道德以及心智等科学是难以剖析的。对疼痛时所处的精神状态的研究，可以从生理学角度加以解释，从这点似乎可以说心灵状态是身体所处的物理状态的表现。但是，持反对自然主义观点的人则认为：科学并不是解释真理的唯一方法。

◆主观与客观

真理存在于心中还是身外

在主观主义与客观主义之间存在着约定论。约定论者认为：伦理事实虽然存在，但这种现象在人所表达的观点及相互约定的条件下才是真实的。

■ 观察事物的基本观点

一般而言，所谓的主观性是指：某人所说事情的真伪体现了本人的精神状态，在主观认识论者看来，知识由人构成；在形而上学者看来，所谓的主观性是指：包括依存于自我意识的所有一切的存在（自我论），其代表是贝克莱的"存在即是被感知"。

另一方面，所谓的客观性是指：事物的真理独立于观察该事物的人之外。因此在客观论者看来，事物是独立于精神之外的东西。经验命题是真实的观点是指：对独立于精神存在的事物的命题是正确的。对认识论展开进一步探讨的康德虽然承认客观领域的存在，但人的认识不能到达该领域的彼岸。依据康德的观点，我们的知识受各种现象的可感世界的限制，所以不可能接近事物本身。

■ 从伦理角度看主观与客观

这种解释可能会比较单调无趣，所以，我们以有关伦理道德的观点为例子来分析主观与客观之间的区别。其实，从古代就有关于伦理道德是否客观事实的不同观点。伦理道德是主观论的人认为：伦理道德只是观点的不同，换句话说，伦理主观论者认为伦理道德并不涉及客观事实。所有真实的观点都是有关的事实，伦理道德的观点就是认为这是应当为之的行为，因此伦理道德的观点没有真伪之分。

以上二段论述都涉及伦理道德的观点，而且一方的否定即是另一方所表达的意思。应该说,两者之中必有一方是正确的。但主观论者对此是否定的,主观论者认为上述观点并无真伪之分,与之相对的客观论者则认为客观事实是独立于人的思考而存在的事物。

两种伦理道德观

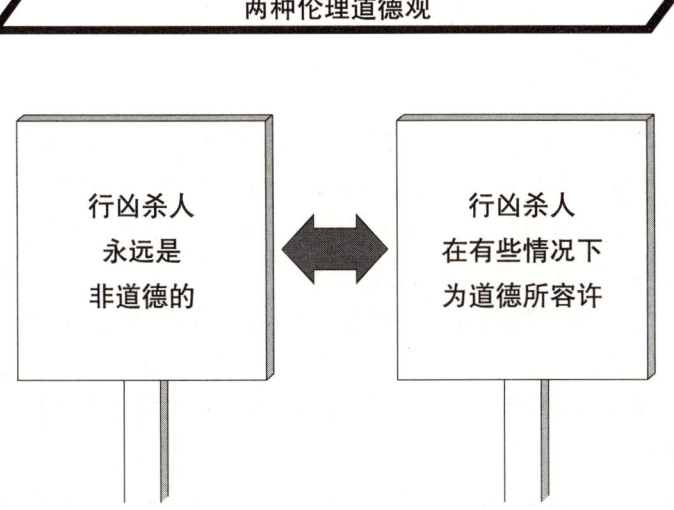

在主观主义与客观主义两个极端立场之间的是约定论(conventionalism)。伦理事实虽存在,但约定论者认为这种伦理事实因人的不同看法和相互间约定而不同,譬如,因国家、个人或上帝而异。(西胁与作)

> **附注** 贝克莱称:为在野蛮的美洲人中间传播福音,曾打算在百慕大群岛创建大学并已筹集到钱款,最终因计划脱离现实而失败。

◆主观主义与客观主义的区别

伦理性与自然性

伦理学中有关主观性与客观性的区别。

▍休谟的观点

休谟的命题。从下述的命题中是否能推导出主观主义的观点呢？如果伦理观点不能从有关事实的主张中推论出来，则"伦理观点无真伪之分"的观点必须是正确的。而且此命题对主观论者来说是正确的，因而以下推论成立。

如果伦理观点不能从有关事实的主张中推论（演绎）出来，则伦理观无真伪之分。实际上，（从休谟的命题中）伦理观不能从有关事实的主张中推导出来，所以伦理观无真伪之分。但是，以下推论是否正确呢？

如果生物学观点不能从有关物理学的主张中推导（演绎）出来，则生物学观点无真伪之分。实际上仅从有关物理学的主张中不能推导出生物学观点，所以，生物学观点无真伪之分。

大概没有人会认同上述这个推论是正确的吧。与物理学无关的生物学中有其独自的正确观点，因而有关伦理观的主观主义的推论也有可质疑之处。

▍主观／客观与谬误

休谟的命题在二十世纪由穆尔作了进一步的明确说明。穆尔在《伦理学原理》中分析了自然主义的谬误之处（naturalistic fallacy）。伦理性与自然性原本就不同，从"有关行为的伦理性并非是行为的

休谟提出的命题

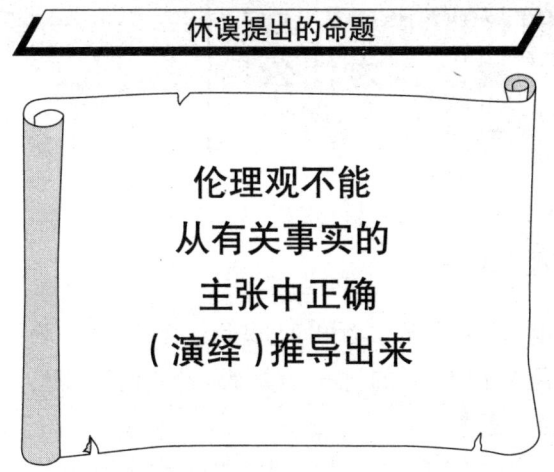

伦理观不能从有关事实的主张中正确（演绎）推导出来

自然性"这点看,正确的道德观表述与使快乐最大化、使痛苦最小化表述的含义不同。在有关伦理学的理论中,认为伦理性与自然性并不具有同一性,如果将其考虑具有同一性,则该理论可能陷入自然主义的谬误中。这里,我们试着对此作一类似的推论。

"温度"这一表述与"平均动能"这一表述并非指同一件事,所以温度所表示的性质与平均动能所表述的性质不同。这个推论是否有错呢?如果你相信温度是平均动能这一热力学的基本知识是可靠的,那么这个推论就是错误的。客观性与主观性看似一个哲学概念,但仅从这些还不能看出任何有价值的东西。即使是高端计算机也只有使用恰当才能发挥其效用,客观性与主观性如果抽去了判断依据,则所争议的问题不可能取得进展。(西胁与作)

附注 穆尔对道德伦理观是人与生俱来的观点持反对态度。

◆两个同一性①

孩提时代的"我"与现在的"我",为什么具有同一性

我们所认为的人格同一性的标准是基于物理连续性与心理连续性的合适的组合。

▍"同一性"陷阱

某物是否同以往的该物相同与某物是否同另外一物相同,这两个问题都是关于同一性的问题,但却是两个不同的问题。现在就这两个问题作一思考。

▍什么是某个人与以往的那个本人相同

首先,我们就"人格的同一性"作一思考。今天的椅子与桌子是否与昨天的相同?这个问题应该说是比较清楚的问题。对椅子与桌子而言,通常所谓的同一性的判断标准是基于其物理上的连续性。另一方面,十年以前的我与现在的我被视为是同一个人物的话,除作为个体的物理上的连续性之外,同时具备了心理上的连续性。那么,什么是心理上的连续性呢?回忆昨日之事的某一个人与今天的那个人在心理上具有连续性。也就是说,可以把记忆上的连续性视为一种心理上的连续性。

按照这种说法,可使人注意到人格同一性的前提是心身二元论。人格的同一性需要心身各自的同一性,即笛卡儿的只要能在传统中生存就自然会被认同的观点。

▍丧失记忆的"我"是否同以前的"我"相同

通常,我们根据身体的同一性与心理的同一性这两个并列

的标准来分析人格上的同一性。这样的说法初看似乎确实无误,但是,实际上还是有很多疑问。例如,陷于意识不清的人在清醒时可以自问"我是谁"?但是却不具备记忆上的连续性,那么,试问其时的"我"是谁呢?同样,如图所示,是否可以说具有同一性呢?

下述举例是否具有同一性?

船的外板 将船板一块块调换至全部船板换成新板,这时是否可以说被调换船板后的船还与以前的那艘是相同的船呢?还有,如果将换下的旧板再造一艘船,是否可以说这艘船就是过去的那艘船呢?

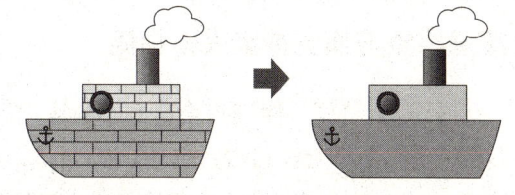

脑移植 某个人的大脑如果移植到另外一个人时,被移植人与谁具有同一性呢?如果只是移植一半,那又将是一个什么情况呢?

将别人的大脑植入患者颅内

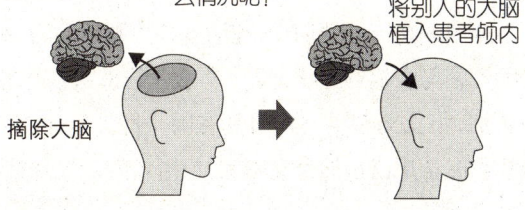

摘除大脑

复制(克隆) 将某人复制,这个复制人与以前的人是否具有同一性呢?

  克隆

从这点看,可以说同一性的标准是物理上的连续性与心理上的连续性适当的组合,不是说没有标准,而是这个标准没有取得一致性。(西胁与作)

◆ 两个同一性②

心、脑是否同一

心、脑关系中存在心、脑同一说与心理活动与大脑活动不同一的相反观点。

疼痛感觉与痛觉神经兴奋相同

在考虑"人格同一性"时,会碰到心脑是否同一的问题。认为心理(状态、过程)与大脑(状态、过程)相同的称为同一性。我们可以设想,当人负伤时是处于什么样的感觉这个问题。"疼痛"与"痛觉神经C纤维的兴奋"虽然不是同义词,但从处于疼痛状态与C纤维处于兴奋状态时具有相同的性质来说是同一的,这就是同一说的含义。至于心脑同一在何处,则有心理活动与大脑活动的同一说,也有"心理就如同大脑与中枢神经状态同一"这样的说法。两者之间虽然只有微小的差别,但认为精神与物质具有同一性。另外,关于心理活动用语同神经生理学用语虽然含义不同,但所指的对象却是同一的。

同一说批判

按莱布尼茨的法则,如果认为心脑是同一的,则它们具有的性质完全相同,但心理活动与大脑活动具有不同的性质,所以它们不是同一的,就是所谓"同一说批判"的观点。另外,根据同一性批判观点看,在精神与物质的描述中有三点不同处,即空间上的局限性、客观上的可观察性与意向性。

持批判态度的观点认为:

1. 大脑活动是一种空间的存在(物质性的),但感觉不是。
2. 大脑活动在客观上可观察到,但人的感觉从客观上不能观察。

3. 心理过程有"关于……"的过程,是一种意向性的表现,但大脑活动不是。

这三点都是对心脑同一性持批判观点的态度。(西胁与作)

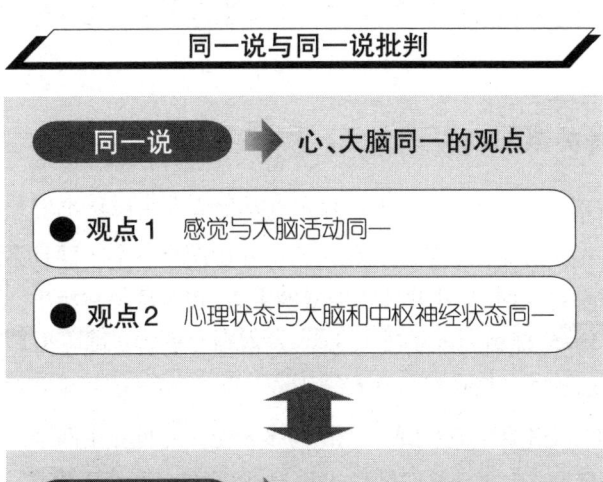

> 附注 出生于德国的莱布尼茨不仅在哲学、力学、统计学、概率论、光学等各种领域颇有建树,还撰写了大量关于法学与政治学方面的论文。

◆ 心身二元论 ①

什么是一元论、二元论和多元论

认为世界本原是由两个方面或对象构成的,谓之"二元论";与之相对的,是一元论与多元论。

心身关系

所谓"二元论"是从两个方面或对象为本原解释事实与现象的思维方式。形而上学的二元论认为世界由两个完全不同且不能互换的方面或对象构成,从其范畴中举例来看,则有精神与物质、善与恶、普遍与特殊、现象与本质等。其中,对精神与物质又可分为"一元论"与"多元论"。

与二元论相对应的是一元论与多元论。对世界由两个以上本原构成的问题,其解释与理解虽然并不复杂,但是,如果再进一步要求解释这些本原之间处于什么关系,则会引出新的问题。譬如,承认物质、生命与精神都是基本的要素,那么,它们相互之间又是处于什么关系呢?

精神与物质之一元论与二元论

最初明确提出心身二元论的是笛卡儿。二元论认为世界由两个方面或对象构成,一个是物质的,另外一个是非物质的。其中,身体是典型的物质性的,而心则是精神的代表,这是我们最常见的二元论。它具有两种基本类型,即认为心身作为两个不同实体存在的叫做"实体二元论",作为不同性质存在的称为"属性二元论"。笛卡儿的二元论是实体二元论。另一方面,认为世界的存在只是一种形式,并且依据存在是物质的还是非物质的不同观点,分成唯物论与唯心论。

各种二元论

理念	感性	形相	内容	现实	可能性
上帝	人世	精神	物质	感性	理性
自由	必然	光明	黑暗	举善	行恶

■ 究竟是几元论的争论有无意义

一元论与二元论之间的区别是否与我们的常识相吻合呢？其实现实生活中谁也没有认为世界只是由一种物质构成，大概也没有人认为世界由无限多的物质构成。如果按文字解释，化学元素是构成物质的最基本的种类，则这个世界应该是多元论的。但是，如果认为化学元素其实也是一种物质，则又可认为这个世界是物质一元论的。

那么，我们到底是否具备了"这个世界只是由化学物质构成的"这种观点的充分依据呢？如果没有充分的依据，那么，所谓的一元论和多元论的观点只是一种人为的划分而已。

如果再将化学元素进一步分解，直至追溯到基本粒子，我们也无法断定这个世界究竟是几元论的。所谓几元论的争论，其实只是我们认识这个世界时的梳理方式而已。（西胁与作）

> **附注** 所谓唯心论，是指主张唯有精神才是万物本原的世界观。

◆心身二元论②

自我或心灵是否可脱离身体、脱离客观世界而独立存在

自从笛卡儿提出心身二元论以来直到今天,是赞同笛卡儿的观点还是反对笛卡儿的观点,诸多哲学家纷纷发表了自己的观点。

■ 赞同笛卡儿的观点与反对笛卡儿的观点

那么,心身到底是一种什么关系呢?对于这个问题,笛卡儿的回答是:心身是两个不同的实体,相互之间是一种因果关系。与笛卡儿的心身相互作用的二元论成明显对照的是二十世纪出现的"心身(大脑)同一说",心与大脑同一。持这种观点的人认为心是物质性的,所谓心的术语与神经生理学术语的不同就像"水"与"H_2O"那样,只是表述的不同,所指的对象是同一的事物。同一说之外的二十世纪的观点大多是以围绕笛卡儿的观点或赞成或反对的形式出现。笛卡儿的观点是非自然主义的,而二十世纪出现的诸多观点却是自然主义的,因而属于反对笛卡儿派。但即使是继承了笛卡儿观点的现代的一些学说,在关于心身相互作用关系的认识方面也与笛卡儿不同。相互作用论的最重要的一点是如何区别它们的特征。

■ 超笛卡儿观点

首先,对笛卡儿的观点从批判的角度仔细推敲一下。笛卡儿认为心是不可怀疑的,而身(大脑)是可怀疑的。怀疑心的存在,就是用心在怀疑心的存在,不认同心是可怀疑的,则"怀疑"本身就不成立了。但是两个实体是同一的,则它们应该是具有相同的性质,如果这是正确的,则"不可怀疑"的心与"可怀疑"的身因其性质不同应该是不同的。实际上笛卡儿就是那样考虑的,这样的思考方式是否

正确呢?请看以下例子。

伊作想观察的晨星与不想观察的金星从是否想观察这点看性质不同,因而晨星与金星不具有同一性。然而这明显是错的,因为"晨星"与"金星"所指是同一个对象。

不想观察金星?

伊作想观察晨星

伊作不想观察金星

即使角度不同,也不能说性质不同

这个认识上的错误和起因与命题的角度(propositional attitude)有关。让我们来关注一下对"怀疑"与"期望"的命题角度。

"想要这个,不想要那个"中第一个例句与第二个例句所述并无

附注 哲学上的二元论,按古希腊哲学家阿那克萨戈拉的观点看,其本原就是精神与物质的对立。

不同。与此相同的例子是"我有大脑"与"我有心"。一方面是可怀疑的,而另一方面是不可怀疑的,因而即使命题不同也不能就此认为心脑不同的结论。据此,可以说也意味着笛卡儿的论证其实存在错误。如笛卡儿那样,从一开始就抱有心身不同的观点其实并不可靠。不言自明,心身的区别其实并不如人们所想的那样不言自明。现在我们有必要对心身关系重新作一思考。

笛卡儿认为心与意识是同一的,心之状态就是意识上的状态,意识应该在物质世界占有一定的位置(广延的)。(西胁与作)

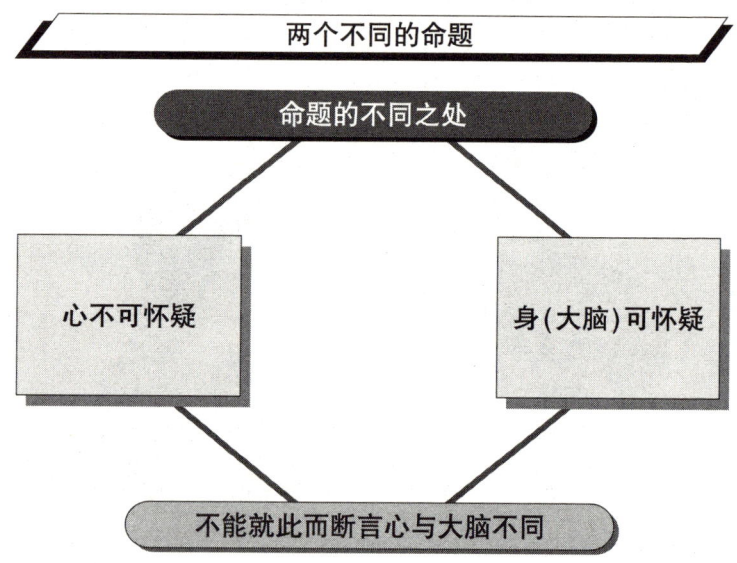

◆ 唯物论还是物理主义①

宇宙万物皆由物质构成

所谓唯物论,就是强调所有自然现象都是物理现象。

■ 科学理论支持物理主义与自然主义

中年以上的人也许至今都记得曾经学过马克思的唯物论与黑格尔的唯心论,而且还应该有关于马克思将黑格尔的唯心辩证法应用于物理世界,从而创建了辩证唯物主义,并揭示了历史发展必然性的记忆吧。那么,这个"唯物论"(或者说是"物理主义")到底是什么呢? 这就是我们所面临的问题。所谓的物理主义,是指所有的自然现象都是物理现象的观点。最近还有使用"自然主义"这一词的。存在物的性质、状态、对象与事件等都是自然的,是可以用自然科学的理论加以理解的。这种对于自然的理解并不是二十世纪所特有的观点,而是从古代就开始存在的观点。例如,德谟克利特的原子论[万物都由原子(atom)构成],就是古代唯物论的典型。斯宾诺莎否定了亚里士多德与柏拉图的观点,认为道德是自然的、相对的观点,也是自然主义的一个例子。

所谓自然主义,是指自然是一切存在的总和,是全部实在,并且以自然科学的理论对此作出解释。绝大多数的自然主义者都认为科学理论是实体世界中的理论,因此,他们坚持"科学是关于实体的科学"的观点。

附注 辩证唯物主义的开创者是马克思与恩格斯,他们认为历史围绕经济这个物质基础发展至今。

唯物论与唯心论

唯物论

认为物质以及物理性的事物是世界本原或存在的观点。

经验论　物理主义　自然主义

唯心论

认为精神或精神性的因素是世界本原或存在的观点。

唯心论　理想主义

自然主义随科学的发展而变化

自然主义如从哲学观点加以讨论的话，有一点必须注意的是：自然主义的内容随科学的发展而发生变化，科学理论所解释的自然现象随科学理论的变化而变化。以此为基础，如果自然主义可以接受历史的变化，则关于自然主义的争论大多可以避免了。自然主义的范围与界限随科学的发展而变化，所以关于这个问题的讨论也失去了它的意义。此外，如果考虑到非科学的东西也是随着科学的发展而变化的话，则自然主义（科学的）与非自然主义（非科学的）的界限将会变得模糊不清。（西胁与作）

◆唯物论还是物理主义②

宇宙万物是否都可给以科学的解释

很多人强烈反对人的精神是物质的观点。

所有一切都可用科学加以解释吗

很多人对自然主义持批判的态度。被讨厌科学的人说可以用科学来理解我们的内心时,你可以感觉到他们对科学的厌恶程度。即使是对科学并不厌恶的人来说,考虑诸如精神力量,人在采取某种行为时的理由以及伦理道德问题时,相信不少人认为上述问题凭科学是解释不通的。或者说,很多哲学家只是认为科学是与历史和文化并列的东西,充其量也只是一种观点而已。对自然主义的批判大多是对以下观点的批判,例如:对精神状态的解释是依据物质状态进行的,从这个观点可以引导出"精神状态是一种物质性的状态"这样一个结论。例如:从疼痛可以解释为生理学现象看,"疼痛"的表现可以说是一种物质状态。

对精神是物质的观点的批判

对自然主义持批判态度的人认为:"科学之外的东西也可以解释精神状态"、"科学不是唯一解释真理的方法"、"精神虽说是物质的,但我们人类无法解释它们之间的关系"等等。除了这些从哲学角度进行批判的观点之外,反对把精神理解为自然主义的、带宗教色彩的、伦理性的批判声也不少。二十世纪后半期的哲学是自然主义倾向较为盛行的时代,自然科学的成功给哲学以强烈的影响。且不论科学的功与罪,科学知识自身的可靠程度要远远超过其他门类的

知识。(西胁与作)

唯物论的观点

古　代

留基伯（约公元前440　希腊）⋯⋯⋯⋯⋯⋯⋯原子论
德谟克利特（公元前460—370　希腊）⋯⋯⋯⋯原子论
伊壁鸠鲁（公元前342—271　希腊）⋯⋯⋯⋯⋯唯物论的原子论
卢克莱修（公元前94—55　罗马）⋯⋯⋯⋯⋯⋯唯物论的原子论
斯多葛学派

近　代

霍布斯（1588—1679　英国）⋯⋯⋯⋯⋯⋯⋯⋯机械唯物主义

十八世纪

拉美特利（1709—1751　法国）⋯⋯⋯⋯⋯⋯⋯机械唯物主义
霍尔巴赫（1723—1789　德国）

十九世纪

费尔巴哈（1804—1872　德国）
毕希纳（1824—1899　德国）
黑格尔（1834—1919　德国）
摩莱萧特（1822—1893　荷兰）
马克思（1818—1883　德国）⋯⋯⋯⋯⋯⋯⋯⋯历史唯物论
恩格斯（1820—1895　德国）⋯⋯⋯⋯⋯⋯⋯⋯历史唯物论

附注　唯物论强调物质重于精神的观点。唯物论的立场是站在中世纪以来对基督教持批判态度的观点之上的。

◆意识与无意识①

弗洛伊德学说是否科学

在意识之外存在着无意识这一前提下,对弗洛伊德关于精神方面的观点持批判态度者甚多。

■ 以无意识及性的概念来表达精神意识的弗洛伊德

感受到弗洛伊德魅力的人是感受到他哪一方面的魅力呢?弗洛伊德是生理学家、心理学家和医生,不管从哪方面看都可称得上是精神分析方面的生父。他认为精神是一个复杂的能量系统,只有对精神结构的探究才是心理学应该起的作用。所以他用了无意识、性及压抑等概念对精神结构作了解释。这种崭新的分析观点对文学及思想界等众多领域起到了很重要的作用,特别值得一提的是对创立心理学科所起的作用。但是,对这种解释是否真正科学的看法还存在持批判态度的人,且争论激烈。那么,这种批判争论的理由又在什么地方呢?

■ 不能从意识上溯到无意识

弗洛伊德的有关无意识的理论是因果论与决定论。他将精神意识过程与状态作为原因来解释人的行为,也就是以原因说明结果(因果解释)的方式来思考人的精神状态。

弗洛伊德决定论的一个很大的特征"无意识精神状态"的假设也是原因之一。根据弗洛伊德的观点,如果引起人的异常心理状态的变化在意识层面上无法体现的话,那么一定不是意识,而是"心理层面在起作用",无意识不通过精神分析不可能在意识前表达出来。在精神方面除了意识之外,弗洛伊德假设存在着无意识的观点与笛

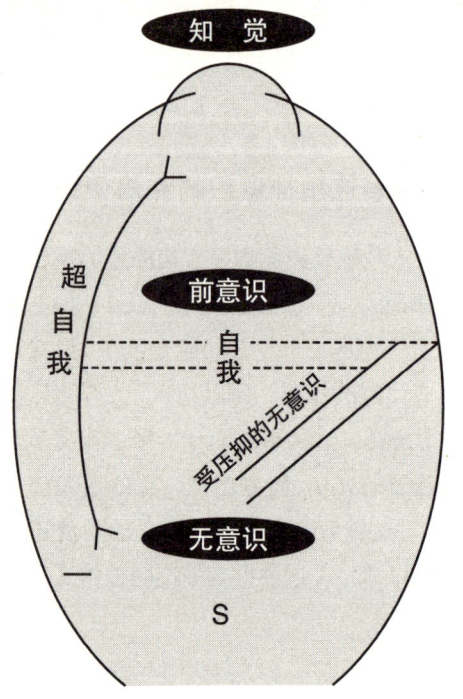

弗洛伊德的精神分析图

出处:《续篇·精神分析入门》

卡儿的精神等于意识的观点不同,在弗洛伊德看来,意识只是精神的一部分而已。

具有重要意义的无意识

弗洛伊德关于本能以及冲动的解释是与假设无意识的存在深深联系在一起的。他把无意识分为两种类型:厄洛斯(生之本能)与塔纳托斯(死之本能),而塔纳托斯是破坏一切性冲动的本能(弗洛伊德关于人类的行为全部都是由性冲动造成的观点,从一般意义上说是错误的)。话虽这么说,但是弗洛伊德关于本能与性冲动的理论讲的就是人类如何获得身心最大的快乐,并如何受提升这种快乐的需求所驱动。(西胁与作)

附注 弗洛伊德最初曾研究过催眠术,后来感到了它的局限性,于是独自开创了"自由联想法",从而向精神分析方面前进了一大步。

◆意识与无意识②

色彩究竟是什么

对试图以因果关系对精神作用作解释的弗洛伊德来说,原因与结果的心理世界究竟意味着什么尚无定论。

■ 关于感觉意识

欲望与需求、意识以及无意识等常识性的用语到底指的是何种状态呢?这里就对更单纯的感觉上的东西作一分析。当我们看到蔷薇花时会想到这是红色,这是生活中实际可以体验到的。另一方面,当我们以科学角度观察时,则我们所体验的颜色的不同是包含在自然中的,并不是实际存在的东西。这样,当我们被问及某一对象物是什么颜色时,要么是有一定科学事实的几个答复,或者什么都不是。但是颜色与幻觉和梦不同,它不是"主观性的"感觉,并且也不会因人而异。那么颜色到底是什么呢?

■ 杰克森的观点

在正统的功能主义者看来,为了生存与繁衍后代,对颜色的认识也在不断的进步,某种颜色所发出的信号是一种经验的范畴。为证明这种感觉的存在,杰克森提出了这样一个虚拟的故事:

玛丽身处一个完全只有黑白两色的世界,她在这个黑白世界中长大并成为一个出色的神经生理学家。她的专业是视觉神经生理学,她学习了有关感知颜色的所有事实。在物理世界呈现的全部所见是"精神作用引发物理活动,但它自身并不遵循物理法则,不存在一个独立的精神方面的领域"。

如果这是正确的,则关于这个世界的物理方面的知识是关于这

根据杰克森的观点与实验所作的推论

1 玛丽在黑白世界中就已经学习掌握了有关人类视觉的全部物理知识。因此,虽然没有体验过关于颜色的感受,但是已具备有关颜色的所有物理方面的知识。

2 物理主义者认为:关于宇宙世界的知识都是物理知识。

3 玛丽不了解有关颜色感觉方面的知识,因此存在着物理主义所不知晓的知识。

个世界的全部。根据这个物理主义的观点,有关颜色方面的所有知识都已经包含在玛丽所掌握的知识中。接着杰克森又提出了这样一个问题,当玛丽从黑白世界中解放出来、并被置身于普通的彩色世界时,她将如何学习以往所不知的"颜色"呢? 如果玛丽通过学习获得了新的知识,那么这个知识也不是物理主义的知识,这是因为玛丽之前应该已经掌握了关于颜色的物理学方面的知识。如果将这种思维与实验以推论的方式加以整理的话,那又将如何展开呢?

反物理主义的观点和它的合理性

对于反物理主义的观点,物理主义者将如何答复呢? 试分析以下两个例句:

1. 即使见了彩色世界,玛丽并没有获得新的知识。
2. 她所获得的并不是新的知识,她所获得的只是感受颜色的能力(技能)。

这些都是杰克森的基本态度,也就是作为认识论的问题认可揭示物理主义缺陷的姿态,又试图避开得出反物理主义的结论。

深信可以获得新的知识

首先对1作一个分析。这点主要是表达:未来神经科学的发展将超过目前,对颜色的质与主观经验清晰表明,即使玛丽初次体验颜色的感受也不会感到惊讶。因为我们对现在所掌握的物理知识与将来如何发展不了解,所以认为玛丽可以获得新的知识。

现在对2作一个分析。对这个反物理主义观点,丘奇兰德作了以下推论:

a. 玛丽在出屋之前已经掌握了解他人所必需的所有物理的知识。

b. 玛丽在出屋之前已经掌握了解他人所必需的所有知识。

c. 因此,存在着非物理主义的关于他人的知识。

这里对a与b的"了解"作一个分析。对物理知识的了解方式如所描述的那样,是可以判断真伪的知识。这是不能用命题表达的知识,也是无真伪之分的知识。这个知识如果包含在b中,那么这个推论整体都是错误的。也就是说,如2那样,另一形式的知识因为是无真伪之分的知识,因而以此所作的推论也是错误的。

弗洛伊德有关心理方面的理论包含着独创的部分,而支持这个理论的是意识、无意识、情感以及欲望与要求等常见的概念。这些概念大多与感觉联系在一起。但正如杰克森所表达的观点那样,关于如何把握感觉这样的东西,采用以往自然主义的尝试来分析的话还是远远不够的。如何认识经验感知的事物尚需人类进一步的探索。(西胁与作)

◆正常与异常① 关于价值的判断

亚里士多德的正常模式与达尔文的变异模式

达尔文的所谓性淘汰,是指某一个个体在其同种同性中所具备的、对繁衍后代是有利还是不利,从而决定是否被淘汰的观点。

古希腊观点

这里对包括人类在内的生命现象从科学角度作一个回顾。古希腊人相信人类最初一半是男、一半是女,后来由上帝将其分为两种性别。具有两性的人类强大无比,甚至威胁到了宙斯,所以宙斯把人类分割成了两个。依据旧约圣经上所说,夏娃是由亚当身上的肋骨所造,这是希伯来语文献的误译,最初的亚当是两性人,一半是男,另一半是女。后来的亚当是亚当与夏娃分离后的亚当,这其实也是对教会一夫一妻制所作的解释。所谓结婚就是原来一分为二的身体重新又结合为一体。

古代的性科学

另一方面,关于性以及生殖方面的问题其实从古代就开始对此有研究。亚里士多德是最早将人类生殖与其他动物之间进行比较研究的人,依据他的观点,精子是生成胎儿的种子,而经血则是培育胎儿生长的土壤。形成胎儿并助其成长的是灵魂。

亚里士多德的这个观点后来被托马斯·阿奎那所继承,成了中世纪天主教神学的基础。人类的诞生首先是生物的,其次是动物的,最后才是人的。从这个观点出发,初期教会中与戮婴比较,在生物阶段的堕胎还较少从伦理角度提出反对意见。此外,因为精子是生命本原,所以认为浪费精子是一个重大的犯罪行为。

在伊斯兰教中，女人的精子（现在称卵子）也是生殖所需血肉的根本，仅靠男人的精子并不能形成生命，所以对浪费男人的精子不再认为是一个问题。另外一个是题外话，就是在手淫问题上天主教与伊斯兰教的两种不同态度。

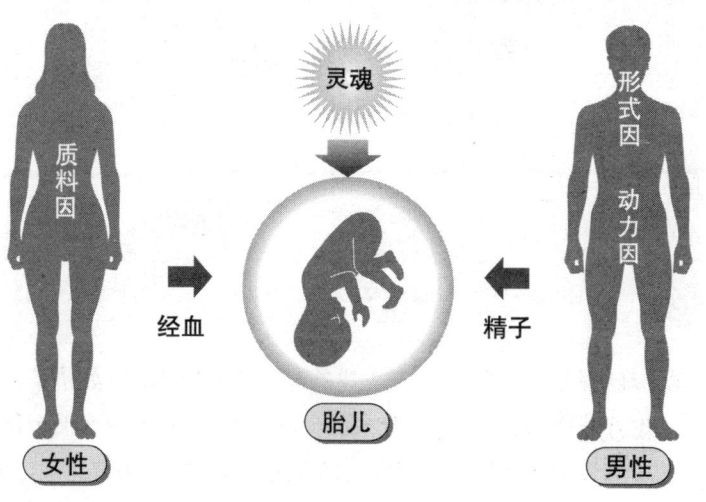

从动物的性淘汰所看到的

从上述可以看出，在追求科学的过程中神话与常识混合其中。以上例子在性及繁衍生殖之外也可以举出很多。"性淘汰"是达尔文所思考的关于性与生殖繁衍的重要组成部分。之后，又涉及动物行为学领域，开始在科学的探求与常识之间发生冲突。

达尔文所谓的性淘汰是指：与自然淘汰不同，仅限于在繁衍生殖方面，某一个个体在同种同性群体中与其他个体相比，在繁衍后代

附注 所谓性淘汰是指：具有更为优雅的形态与行为（如漂亮的羽毛、长长的头角或尖利的牙齿等）的强者胜出，与雌性交配繁衍后代，并不断在形态及行为方面取得进化的观点。

方面是有利还是不利而决定是否被淘汰。

雌雄性状的不同

	雄性	雌性
狮子		
孔雀		

雌雄不同说到底,就是所生成的配子的大小不同(如精子或卵子)。也就是说,是繁衍数量众多但个体较小,还是数量少而个体大的后代。雌性动物在生殖与养育后代方面所投入的精力要比雄性大。因此,雌性动物在生殖方面要比雄性动物谨慎,就是说,雌性动物的生殖是与选择雄性对象结合在一起的。被选中的雄性对象在同性群体中以争斗方式决定胜者。换句话说,雄性群体中性淘汰起着非常大的作用。那么,对于雄性动物夸张的性状,雌性动物的择偶标准如何演变进化,并且对雄性性状的进化又给予了怎样的影响呢?

在分析此类问题中,现在比较看重的是雌性动物的择偶(female choice)要比雄性动物之间的争斗在性淘汰中具有更重要的因素。但就人类来说,在男性社会与性淘汰中男性的作用处在传统思想与生物学研究之间摇摆不定的状态之中。(西胁与作)

◆正常与异常②

何谓正常，何谓异常

> 亚里士多德关于性的正常与异常的概念明显不同于达尔文的正常与异常的概念。

■ 本来应该是这样的吗　根本就没有本来

不仅在性与性别方面，在人类心理与行为描述中经常会用到"正常"与"异常"这个词。"异常性爱"是否可以这样考虑：有正常的性爱，而与正常性爱有偏差的就是异常性爱？在"正常"与"异常"中是否包含有类似"善恶"那样的价值判断呢？看上去似乎包含有只要符合规范就是正常，有悖于规范就是异常的判断。如果包含有价值判断，则含有"正常"与"异常"的思考以及研究等也应该包含价值判断在其中。类似的例子有"健康"与"生病"。

■ 认为偏离本质的东西就是异常的观点

影响之一是亚里士多德的正常模式。不管是什么都有其本来的存在方式与场所，正确掌握其本来的姿态是与理解其本质联系在一起的，这也是此模式的意义所在。这个模式的适用对象不仅是物理的也包含了生物的。人类正常的姿态是人类本质的具体化，偏离这个正常的姿态就是不正常。这些非正常的东西即使出现也会被淘汰，它不能占据统治地位。这就是亚里士多德的观点。

这个模式很好地把握了天体结构与生命现象。有作为样板的姿态存在，与此偏离的东西即使存在，充其量也是例外。现在，在理科教室陈列的动植物标本就是确认物种样板的标本。

附注　进化论是达尔文与华莱士同时发表的，但达尔文的知名度要远远大于华莱士。

没有正常与异常之分,有的只是个体之差

与亚里士多德的正常模式不同的是达尔文的变异模式。达尔文对此作了如下的解释:生物群中经常存在着变异,这是因个体差异而成了筛选甄别对象,如果这是对生存与生殖有利的话,那么,具有这种性质的个体就会逐渐占据群体中的大多数,这就是依据自然淘汰理论的生物进化论。这个解释的出发点是变异的存在,在这个变异及个体差异中,并无正常与异常之分。

群体中的个体样本也无正常与异常之分,有的只是个体之间的差异,并且这个个体之间的差异正是物种进化的原动力。所谓的正常与异常只不过是在某一个时间节点上群体中的多数或少数而已,并不是本质的东西。从上述看,亚里士多德与达尔文之间的不同之处就一清二楚了。

亚里士多德与达尔文观点的相互渗透

但是,当我们在思考关于生命现象与社会现象时,是否也采用了某种模式呢?是否在思考关于生命现象的原理时采用的是达尔文观点,而在思考关于人类自身特点与行为时采用的是亚里士多德的观点呢?

近几年来,在讨论社会和文化现象时,总体是采用达尔文的观点对社会与文化的多元化现象进行探讨。当涉及个体行为时却采用了亚里士多德的观点,异常行为在大多数情况下都被认为是不好的或不应有的行为。仅仅从上述内容就可以看出两个人观点是相互渗透的。

正常与异常

亚里士多德的正常模式

不管是什么都有其本来的存在方式与场所,正确掌握其本来的事实与现象是与理解其本质联系在一起的。

达尔文的变异模式

生物群中经常存在着变异,变异只是个体之间的差异,群体中并无所谓成为样本的正常与异常之分,所谓的正常与异常只是在群体中是占多数还是少数的问题。

科学的概念与价值

如果亚里士多德的模式(就像曾经思考的那样)是正确的科学的模式,则"正常"与"异常"是很不错的科学概念,而正确使用这些概念所作的判断就是正确的科学判断。另一方面,如果达尔文的模式是正确的科学的模式,则"正常"与"异常"在科学上就是错误的概念,使用这些概念做出的判断从科学角度看就是错误的判断。从这个表现方式看没有价值判断渗透其中。问题是人们从一开始就确信价值判断渗透在"正常"与"异常"的概念中。确实,在有关更为复杂的人类行为中,有历史、文化、社会的非科学标准以及约定等参与其中,从这里产生了包括价值判断的"正常"与"异常",并形成传统。但是,在很多情况下,这些标准与约定的根据依存于科学的见解而存在,判断这个科学见解是否正确有一个选择何种模式的问题,是独立于价值判断的存在。(西胁与作)

◆后现代主义①

存在主义的退潮与结构主义的抬头

> 哲学中存在着理性主义与反理性主义两大派别,存在主义是反理性主义的,而结构主义是主张理性主义的。

▌哲学的两大派别

哲学史上主要有两大派别,一派是源自古希腊以理性主义为基础来思考自然与人类的观点,另一派是对理性主义持异议的观点。两大派别经常为夺取主导权而展开争论。主流派信奉理性主义,而反对理性主义的是反主流派,从中可以看出欧洲哲学两大派别的特征。

一方将对理性主义的探索置于根本之上,把重点放在精神追求的对象及追求过程之中。一个简单的例子就是精神认知科学的思维方式。在认知科学中,精神是一个信息处理系统,可以把这种现象看作精神是从外部进入的一个信息处理装置。另一方则相反,相信精神的创造性能力。艺术活动即是精神创造所表现的某种形式,所以认为精神创造的表现才是最重要的。

▌结构主义与存在主义

存在主义(存在先于本质的观点)是反主流的思想。在存在主义退潮中,结构主义开始抬头(明确客体结构而后作出解释的观点),结构主义属于主流派。存在主义思想是欧洲在战乱中的特殊状况下产生的,它走出了大学的研究室,将研究重点放在如何在现实社会中生存下去。这种哲学观点与其说是对叙述至今的合理思索的一种展开,倒不如说比较接近浪漫主义的哲学观点。

存在主义与结构主义

存在主义

以主体存在作为中心概念的观点,并且认为只有存在才是世界本来的姿态。

- 克尔凯郭尔
- 马塞尔
- 亚斯贝斯
- 萨特

结构主义

明确客体的基本结构,并以此对客体作出解释。

- 雅各布森
- 列维·斯特劳斯
- 阿尔杜塞
- 福柯

结构主义的背景

与此相对的是结构主义,结构主义站在理性的立场上思考世界。其实早在二十世纪中叶,就存在着众多关于人类生存的理论。有研究语言的先驱索绪尔的结构主义语言学,含义是不对个别语言作分析,而是从语言整体的结构中找出它的意义所在。

马克思主义经济学的观点是:人类生存的真实姿态是通过经济结构的分析获得。精神分析学中是通过无意识来表达精神结构的。在二十世纪六十年代,结构主义运动综合了马克思、弗洛伊德与索绪尔的观点来反对存在主义的观点。在结构主义者看来,所谓人类是在自己不能控制的社会、心理、语言结构中形成的,人类通过这些研究来探索人类自身。结构主义之后出现的是后结构主义,并与解构主义共同孕育了后现代主义。(西胁与作)

附注 所谓的后现代主义,原本是建筑领域的用语,用来对现代建筑进行批判,后来被用于哲学等领域。

◆后现代主义②

哲学中是否存在客观主义的观点

后现代主义：否定"真理只有一个"的观点，其代表人物是德里达。

福柯

十八世纪启蒙时代之后的近代社会试图以合理的、经验的、客观的方式去描述世界，并且假设真理只有一个。与此相对的后现代主义的观点是：真理只有一个的观点是伪观点，没有用理性约束的东西，理性本身是知识特殊的历史形态。后现代主义的主体并不具有关于真理、伦理、美以及客观性的合理评价标准。福柯被称为是结构主义者，但他的观点与其他结构主义者不同。他认为语言和社会虽说由一定规则支配的系统所形成，但解释人类条件的结构没有并且无法客观地研究具体状况。

福柯对明确知识的语言行为并非依据真理去作分析，而是尝试根据其历史及发生的事情去作分析，这就是所谓的"知识考古学"。福柯后期的研究则是借用了尼采的源流学及马克思的意识形态的分析方法，并且试图证明知识的展开（政治性）是如何与权力结合在一起的观点。

德里达推动了后现代主义的进一步发展

作为后现代主义旗手的德里达认为：语言和文本并不是世界的自然反映，语言造就了人类，存在的理解由文本加工而成。福柯把欧洲的思想史看作是"二项对立"，如善恶、心身以及男女等。德里达认为：文本必须意识到语言内在的层次，并再次对层次作了解释，这就是"解构主义"。但是,这样的解释最终并不能到达真理的层面,各种各样的解释都是因为文本所存在的差异形成的。

解构主义的结果之一是文本分析失去了确切性。在很多争论不休的解释中,任何一种解释都不可避免地应该作出合理的自我解释。如果没有客观的哲学观点,那么,哲学就不能给出客观知识的基础,而仅仅成了帮助人类从陈旧言语中解放出来的工具。以往知识的解体是否能构筑起新型的知识结构?陈旧知识的解体并不能直接寄希望于知识的分析与结构,因此后现代主义知识的解体,与其说是认识论,倒不如说是知识在社会学文脉中的灵活应用。(西胁与作)

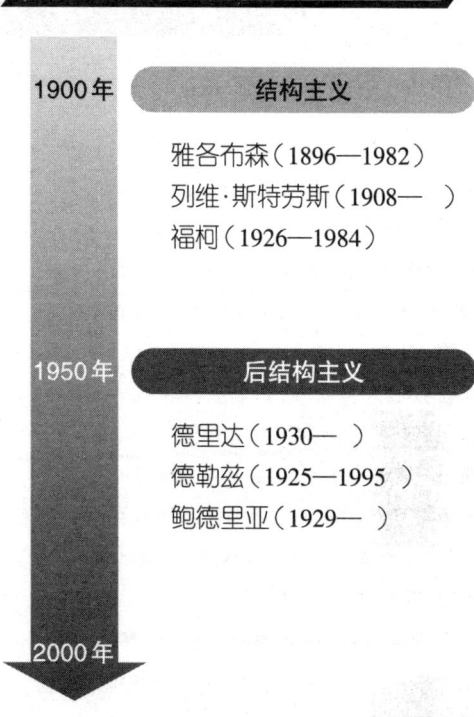

结构主义与后结构主义

1900年

结构主义

雅各布森(1896—1982)
列维·斯特劳斯(1908—)
福柯(1926—1984)

1950年

后结构主义

德里达(1930—)
德勒兹(1925—1995)
鲍德里亚(1929—)

2000年

附注 福柯:法国哲学家。著有《疯狂的历史》、《关于性的历史》等著作。

论坛
趣味哲学拾零

被排斥在物理学与心理学之外的生物学

笛卡儿的传统观点

有关精神概念强有力的传统观点,是笛卡儿的心身二元论,他的观点并没有成为过去,作为常识仍留存至今。笛卡儿认为心具有思维的能力,而物质(身)虽具有广延性(物质所具有的空间延伸),但两者性质完全不同,这就是心身二元论。笛卡儿认为:心与身在我们人类看来,是脑在其中起着交互的作用。作为自我意识的心(他人的心不可知,而自己的心可知),可看作是在思考心的时候的重要视点。心的行为并不是单纯的生命现象,当心生病时会影响到身体,而身体的不适反过来又会使情绪低落。因为谁都不会认为这个观点是错误的,谁都认为最清楚自己身体的是自己。这就是直到现在仍在延续的笛卡儿的传统观点。

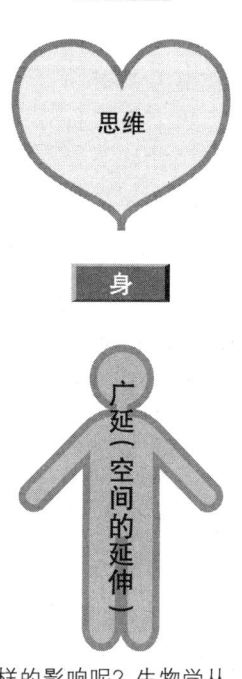

既非身又非心的生命

这种传统的观点在思考生命时又给予了怎样的影响呢?生物学从物理学中分离出来后,又从心理分析中被分离出来,其结果是生物学被物理学与心理分析排挤。之后的生物学开始走上"细胞学"的经验型的研究道路。支持十九世纪后半期尖端科学的是显微镜的发明,与显微镜共同发展起来的是细胞学以及以此为基础的胚胎病理学与生物学,其研究方法是重视实验和观察的物理学。这里,对非物质力量的生命力与生命现象的研究,因其目的和过程而结合在一起。(西胁与作)

界面

第3章

心与身、人与机……
介于各种关系之间的界面

> 掌握本章节的几个要点

界面——两个独立物之间的接口

"界面"一词从计算机科学而来

所谓界面一词,原来是伴随着计算机发展而产生的词汇,是连接机与机、机与人之间的接口,界面的含义即来自于此。例如,当我们思考计算机以及使用该计算机的人之间的问题时,需要一个能起缓冲作用的东西来参与其中。不仅是机与人之间,之后在表述人类与环境之间、人类与建筑物之间、居住人与居住的城市之间等软件与硬件的接触面时也开始使用"界面"一词。在哲学中,在论述认知主体(主观)与被认知对象(客观)之间的关系时也使用"界面"一词。

心身二元论也与界面有关

笛卡儿的"心"与"身(大脑)"也把界面作为一个问题来思考。从近几年来的研究看,已经弄清心理活动的过程就是大脑活动的过程,当我们谈及心理作用与大脑作用时,只是将一件事从另外一个侧面进行考察而已,而连接心理与大脑之间的就是界面。

真理与证明的不一致

所谓悖论,就是从逻辑学上看是处于矛盾中的事物。例如,我们可以思考这样一种情况:某人说"我说谎"。如果肯定它是假的,那么就不是说谎,因而是真的;如果肯定它是真的,那么就是说谎话,因而是假的。这不是单纯语言上的翻花鼓游戏,它其实包含着基本的语义学上的问题。

数学证明并不一定是真理

二十世纪初,作为一个数学问题而发现了意味深长的悖论。到那时为止,大家都认为数学上的证明必定是真实的,但其实不是。1931年,数学家哥德尔提出的"不完备性定理",证明了即使在数学界,真理与证明也并不一致。就像有些犯罪情况,即使知道某人是真正的犯人,但也不能证明其绝对有罪一样。"不完备性定理"揭示了悖论根本的解决方法。

宇宙世界中很多事实与现象是令人难以理解的

伦理的真伪并不总是局限在此二项定论中,模糊不清规定的就是模糊理论。在计算机领域,要么是0,要么是1,或要么是ON,要么是OFF。但在通常情况下,很多事情并不是简单地就能下结论的,还存在着既不是真也并非伪的、类似介于两者之间的东西。例如,我们经常会说,"他是一个和气的人"这样的话,其实这正是模棱两可的模糊认识。

语言是如何产生的

与逻辑学和计算机语言不同,人类所使用的语言被称为自然语言,从来都被认为是模糊不清的,但1970年之后系统地构建了语法理论。人类的语言行为含有三层意思,即表意行为、语行行为和语效行为。人类在交谈时所说的话并不总是如说话表面所表达的那样,它其实包含着多层含义,然后以某种结果体现出来。

◆ 逻辑学

亚里士多德曾经思考过关于三段论的256种方法

亚里士多德创建了逻辑学,并将逻辑学定位为人类获取知识不可或缺的工具。

■ 理性是通向秩序的必经步骤

古希腊哲学家把人类定义为具有理性行为的动物。所谓的理性,一般而言它具有"语言"的含义,同时语言本身成立的依据以及理由等也包含其中,这层含义也许就是LOGIC,即"逻辑"一词的来源。赫拉克利特认为使所有存在成立的"根本性的依据"是理性。所有现象看起来都处于混沌之中,但在其背后有着不可动摇的秩序,他认为通向秩序之路就是逻辑。

■ 亚里士多德的逻辑学被认为是唯一的思维法则

现在让我们来思考一下关于推理小说中出现的"不在现场的证明"一词。"如果X是犯人,那么X必定在犯罪现场"的判断成立;如果X不在现场,则可以得出"X并非罪犯"的结论。这个推论在现实社会中被认为是理所当然的事情,那么根据在哪儿呢?实际上,"如果是A就是B"的前提和给予"不是B"的前提,则"不是A"的结论一定应该是成立的。三段论否定式中,如果前提成立则结论必定成立,而不在现场的证明就是根据这个逻辑形式而来。逻辑学的创始人亚里士多德把所有推论的形式进行了详细的分析,归纳了256种三段论方法,并将其定位为人类获取知识不可或缺的工具。亚里士多德的逻辑学被中世纪经院哲学所继承,直到十九世纪一直是唯一的思维法则。

迫使作两者择一决定的是"诡辩"

现代社会中有更单纯地把对事物的看法与思考方式等统一称为逻辑的观点。例如"永田町逻辑"以及"兜町逻辑"等就是指：政治家和证券从业人员所共同具有的、一定的思维方式和说话方式。基本的逻辑规律有A或非A之中的一个（排中律）。例如不在现场的证明就是以"X是罪犯或非罪犯"的事实为前提而提出的。但是，所谓的两者择一并不一定满足排中律的规律。

在美国曾经看到过"America！ Love It or Leave It"的标语。它的含义是：美国！要么爱它，要么离开它。使其陷入这困难的两者择一境地的就是"诡辩"。"不赞美战争就不是国民"的风潮以及"不成为信徒就会后悔"的劝导者其实都是用了诡辩的手法。所以应当注意防止因使用不正确的逻辑而可能发生威胁社会的事情。（高桥昌一郎）

排中律

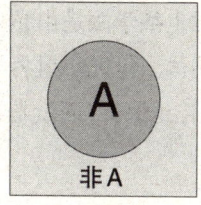
非A

非罪犯

排中律没有折中判断

附注 逻各斯用希腊语表示就是"理性"的意思。与此对应的是带有感情色彩的诸如感情以及情感等等。

◆逻辑实证主义

因"无意义"一词而导致婚姻破裂的逻辑实证主义者

> 逻辑实证主义者将语言划分为"有意义的"或"无意义的"两大类。他们把"爱的行为"看作是有意义的事情,而把"爱"本身看作是无意义的事情。

■对不能用言语表达的事情最好保持沉默

1922年,维特根斯坦的《逻辑哲学论》出版。在该书中他说:所有关于哲学问题本质的答案都已经给出。这本书的出版目的是表达"思维"的一个界限,并且给出了这样的结论:可用言语表达的应该表达清楚,而不能表达的最好保持沉默。与维特根斯坦的理念有着很强认同感的是被称为"维也纳学派"的维也纳大学研究小组。其中心人物除具有物理学博士学位的石里克与卡尔纳普之外,还有哈恩与门格尔等数学家。维也纳学派是由超越既存哲学的各个领域的研究人员所组成的学术团体。研究小组将学术讨论的场所移至咖啡馆,白热化的争论经常延长到深夜,而就是在这个过程中产生了逻辑实证主义。

■语言只有"有意义"与"无意义"之分

学术团体的研究人员与赫拉克利特同样,设想了在宇宙世界背景之下本原秩序的逻辑。在这个世界上能清楚表达的事仅限于在逻辑方面可以确定其真伪,或通过经验可证实的语言两个方面。这种情况下的语言被看作是有意义的,而除此之外所使用的语言都是无意义的。他们经常引用的一句话是:维特根斯坦的"逻辑充满世界"。

极端逻辑实证主义的立场是:譬如"X将花束献给Y"是可证

的,所以这句话是有意义的;"X爱着Y"这句话不可证,因而是无意义的。"爱之行为"是有意义的,但"爱"本身无意义。卡尔纳普的论文《采用语言逻辑分析清除形而上学》中曾经这样表述:对以"上帝"及"理念"等作为研究对象的形而上学来说,是应该被排除在外的。

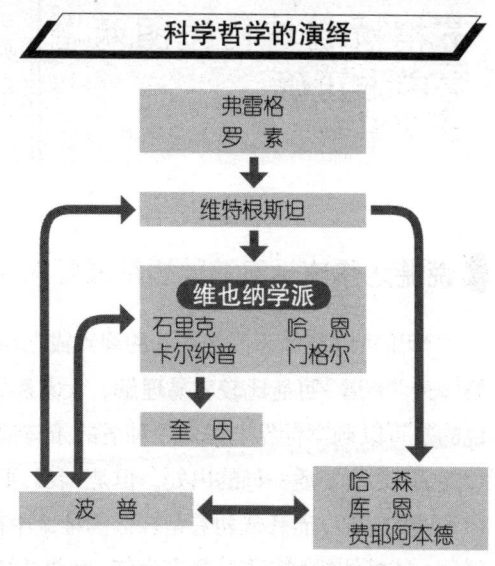

法庭上的逻辑扩展到了所有的学术领域

现代社会有一个可供实践逻辑实证主义的地方,那就是"法庭"。法官在法庭上的所有论述必须在逻辑上是成立的,提供给可作审判的任何证据与证言也必须是可证的、可成立的。逻辑实证主义者将这些语言的使用扩展到了所有的学术领域。

但是,实际上这样的事情是否可能发生呢?与此相关的是斯穆里安介绍了一个关于和实证主义者婚姻破裂的故事。女人对婚姻破裂理由的解释是:因为无论我说什么,答复都是"无意义",令人无法容忍。(高桥昌一郎)

> **附注** 维也纳学派是1929年在"科学世界的把握——维也纳学派"的名称下组织起来的。

◆语义悖论

苏格拉底与柏拉图两者之中谁正确

当有人说"我在说谎"时,我自身在说谎与说话内容是谎言正好处于相反关系。

说谎之悖论

悖论可以翻译为似是而非的观点或二律背反,从逻辑学角度说,解释为"矛盾"可能比较容易理解。大家都知道矛盾一词的来源,它说的是可以刺穿世界上任何一种盾的矛与世界上任何一种矛都刺不穿的盾,此即矛盾一词的出处。但是,我们更多看到的并不是这样明白无误的矛盾,而是从初看是合适的推论中得出的相互矛盾的结论。例如:最单纯的悖论是:我在说谎,如果肯定它是真的,那么就是在说谎,因而是假的;如果肯定它是假的,就不是说谎话,因而是真的。不管怎样说都将导出一个矛盾的结论。类似这种悖论的例子有很多。如:"禁止乱涂乱写"的涂写,写有"禁止张贴"的帖子等等。这些悖论都是在某种言及自身又否定自身中产生了矛盾,所以叫做"言及自身的悖论"。

悖论

说谎者悖论并不仅仅限于言及自身时,我们可以看图示中两个人所说的话。如果苏格拉底的话是真的,则柏拉图所说"苏格拉底在说谎"是真的,因而是矛盾的;如果苏格拉底的话是假的,则柏拉图在说谎,苏格拉底的话是真的,同样也处在矛盾之中。两个人的话彼此涉及对方,所以产生了说谎者悖论。

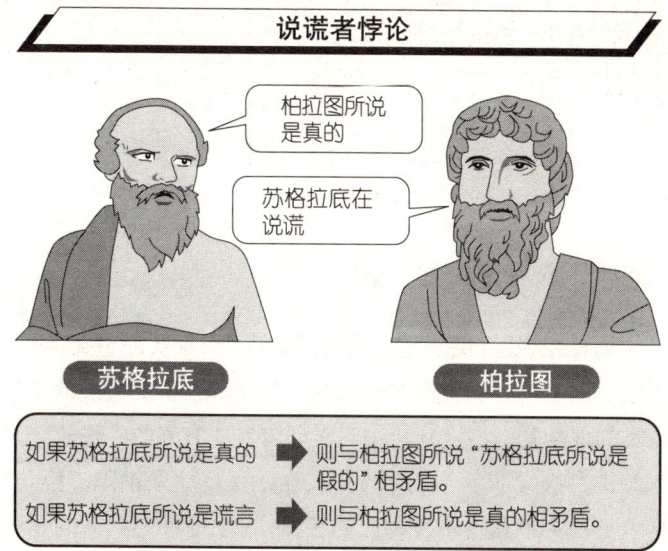

数学上也发现了语义学上的悖论

在一张卡片的表面写上"此卡片背面的命题是真实的",而在卡片的背面写上"此卡片表面的命题是不真实的"时会产生同样的矛盾。再在此卡片的两面都写上"此卡片背面的命题是不真实的",则谎言悖论产生。这个反论也许会被认为只不过是单纯的语言问题上的翻花鼓游戏而已,但实际上含有语言上从"言及自我"到"自我意识"的基本语义学上的问题,所以后来被称为是语义学悖论。

到了二十世纪初期,在数学内发现了语义学悖论的变化形式,引起了很大的反响,直到哥德尔的不完备性定理与塔斯基语义学的出现才解决了这个问题。(高桥昌一郎)

> **附注** 苏格拉底自身并没有留下什么著作,后人通过其弟子柏拉图的著作才开始了解他的思想。

◆不完备性定理

法庭与数学也未必能证明

大家都认为数学真理必定可证时，证明其并不如此的是哥德尔的不完备性定理。

■ "证明"不一定可被"证"

上面已经说过，关于现代社会可实践"逻辑实证主义"的地方是在法庭上。但所有真实性的东西都可在法庭上得到证实的想法也许是人类的理想吧。现实社会中对无罪者判决有罪的"冤案"、真正的犯人却被判决无罪的"误判"，其实无法保证完全消除。换句话说，根据人类社会最具逻辑性构成的法律，在求证最为严密的司法系统中，在法庭上的"证明"也未必一定意味着是真理。

■ 明知某人是真正的犯人却无法证实的情况

那么，在数学界情况又怎样呢？在数学界至少不会发生像人类社会那样诸如"真相在草丛中"的事情。数学上被证明的命题是真理，或者反过来说，数学上的真理总有一天会被证明。但是，实际上也并非如此。1931年，当时才24岁的天才哥德尔提出的"不完备性定理"，揭示了即使在数学界，"真理"与"证明"也有不完全一致的地方，给社会以很大的震动。哥德尔不仅仅是提出不完全一致这样一个结论，并且认为一般数学系统S虽是真实的，但可在系统内部构建一个不可证的命题G，并揭示了在S内部的构建方法。

哥德尔的方法近似于：知道谁是真正的犯人，但任何一个司法系统S也会产生不能证明其有罪的G。司法系统为了适应新的犯罪方法也许会制定一些新的法律、法规应对，但是，新系统又会产生系统本身无法予以证明的犯罪行为。这样,无论反复进行多少次,如果使用哥德尔的方法则可证明系统内部又会形成无法定罪的情况。所以,不存在可以证明所有犯罪行为的司法系统,也不存在可以证明所有数学真理的数学体系。*

哥德尔的不完备性定理

如果公理系统 S 没有矛盾,则 S 内可构建一个既不能被肯定,也不能被否定的命题 G,即 G 无法在公理系统 S 内被证明。

对象语言与元语言

对哥德尔的不完备性定理再次作出证明,并据此构建了更为严密的自然语言语义学的,是逻辑学家塔尔斯基。他把指称对象的语言称为"对象语言",而把谈论对象语言的称为"元语言"。被分析语言是对象语言,进行分析的语言是元语言。但是,原来标准不一的语言是相互混杂在一起的,所以产生了不能判断真伪的命题,从这个意义上说,语义学上悖论的根本解决方法还是不完备性定理。(高桥昌一郎)

附注 *可参考《哥德尔的哲学》一书。(高桥昌一郎著,讲谈社 现代新书)

◆可能世界之含义

可与现实世界整合的哲学世界

所谓可能世界是指:从逻辑角度分析可与现实世界进行整合的世界,彼此之间以"可到达"的关系结合在一起。

▍月亮是否只有一个

所谓月亮只有一个,可说是真实的,但也未必一定是真实的。太阳系其他类似地球的行星中,水星与金星上没有月亮,但是在火星上却有两个月亮。一般都认为,一个月亮围绕地球公转是太阳系形成过程中各种"偶然性"重叠的结果。换句话说,地球有一个月亮这一命题是真实的,但并不是必然的。

▍圆形不是四角形

但是,"地球是地球"这样的命题(永恒的命题),与其否定式"地球不是地球"形成自相矛盾,所以它必然是真实的。还有诸如"圆形不是四角形"、"红色是颜色"那样的命题(分析命题)其否定形式"四角圆形"与"不是颜色的红色"等是不可能的,所以也被看作必然是真实的。这种必然性与可能性概念被称为"模态"。"也许、没错以及应该……"等等的英语对译是"can"、"must"、"should"etc。简而言之,如果能体验真伪本身"存在方式"的概念就会比较容易理解,但这样的概念从逻辑角度去解释的话,可能会比较困难。

▍从现实世界到可能世界

1959年,还是18岁大学生的克里普克把模态概念从逻辑角度作出了解释,这就是"语义学上的可能世界"。这个语义学主要包括两

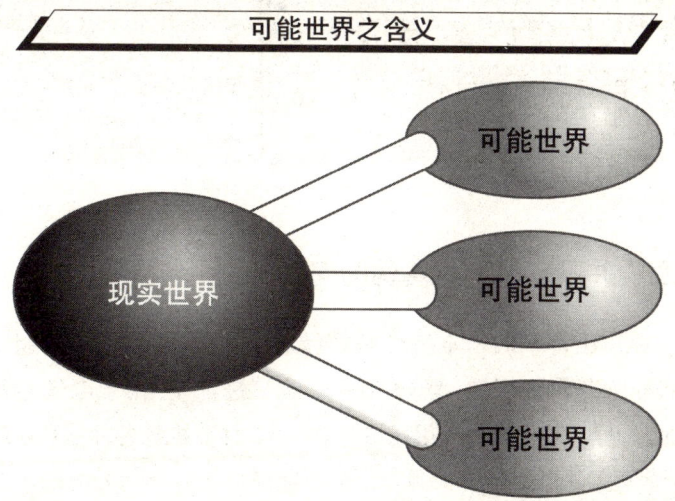

可能世界之含义

个概念,即"可能世界"与"可到达世界"。一般而言,所谓的可能世界是指:具有可同现实世界从理念上进行整合的领域,并且认为各领域因"可到达"这一关系而结合在一起。这个"可能"与"必然"的定义如下:例如,现实世界中"也许要下雨"是真实的,它包含从现实世界可到达至少一个可能世界的"下雨"是真实的这样一个含义。此外,现实世界中"红色肯定是颜色"是真实的,它包含从现实世界可到达的所有可能世界中"红色是颜色"是真实的这样一个含义。这里很重要的一点是:必然性与可能性之"质"的模态概念是通过可到达的可能世界的"量"的逻辑形式表达出来的。根据这个方法,各种概念都可给予严密的分析。(高桥昌一郎)

附注 克里普克是美国哲学家。从青年时代起作为一名天才的逻辑学家而为大家所知,曾执教于洛克菲勒大学和普林斯顿大学。

◆模糊理论

世界上有许多事情无法进行简单的剖析

并非0还是1、黑还是白这类两者择一的逻辑问题,而是按一定规则对模糊不清的事物作出分析,这就是通常所说的模糊理论。

逻辑并不只是有关真伪的问题

古代逻辑学的基本特征是解释命题中的"真·伪"问题。类似这样的逻辑性问题,譬如"0·1"的二进位制、用于电气回路的"ON·OFF"等已经被应用在诸如数字化、计算机等各种信息处理领域。但是,自然语言中很多言语是不能简单进行真伪划分的。有关真伪"存在方式"的模态概念可采用前面已经叙述过的可以世界的含义进行解释。但是,如要对真伪的"程度"进行严密的甄别,还是比较困难的。

例如,让我们来思考一下关于能满足"X是男性"这一命题条件的集合体吧。任何一个人按生物学(染色体遗传的性别差)都可划分为男性或者女性,所以也可确定是否属于男性集合体这一问题。从这个意义上说,命题"X是男性"的真伪是可以判定的。但是,"X的身材很高"与"Y带甜味"那种能满足命题中XY真伪的判断也并非是容易的事情。

模糊性的分析方法——模糊理论

分析自然语言中"模糊性"的方法是1965年查得所创建的"模糊理论"。模糊理论的特点是:对满足"X身材高"与"Y带甜味"等集合程度,可采用概率的方法确定它的"隶属度"。假定X的身高为175公分,则在X身高的集合体中将X的隶属度定为75%,而如果Y

含有25%的糖分,则Y带甜味的集合体中将Y的隶属度定为25%。

1980年以后,模糊理论被迅速应用于人类的实际生活当中。例如,应用于地铁自动运转与汽车刹车操作的"模糊控制"、声音辨别与专家查询系统的"模糊推论"等。今后,可以期待"模糊性"在数据库、图像处理、模式辨认、机器人、人机界面等研究领域的应用中也将起到重要的作用。

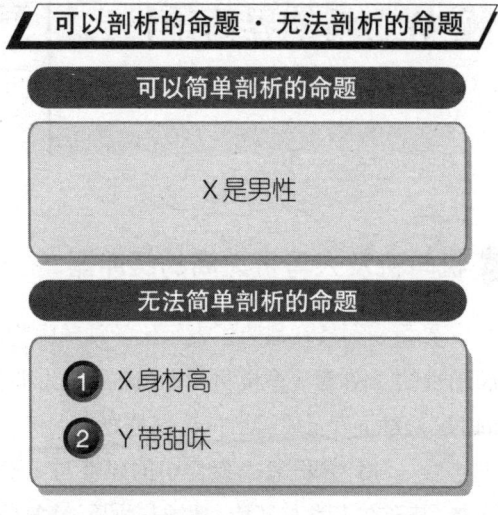

是否已经不再是逻辑

另一方面,在模糊理论中,由于真理概念本身被量化,有必要对古典逻辑学体系中曾被严密证明过的很多定理不再成立一事予以关注。但是,对诸如"他的身材很高"这一命题的75%是真实的这一问题,究竟含有什么意义呢? 对这样的"逻辑"已经不再是逻辑的批判声音也时有耳闻。

不管怎么说,模糊理论所要表达的是关于人类思维的本质问题。一般来说,人类对于模糊信息总是采用模糊方式去加以理解,并以模糊的方式加以判断。其结果是产生了诸如"他很和气"或"她很可爱"等模糊的认识。对这些模糊问题采用模糊理论到底可以解决多少问题,其实是一个很令人感兴趣的问题。(高桥昌一郎)

附注 "模糊"一词就如毛线那样很细很柔和地竖立着的样子。有"模糊"、"朦胧"的意思。

◆界面

心身之间的界面是什么

所谓界面是指：连接诸如计算机之间或人机之间相互关系的接口。

▌机与机及人与机之间的缓冲器

界面一词最初是为了表示化学领域中物质与物质之间的"界面"而出现的。随着计算机科学的发展，作为机与机之间或者人与机之间的"接触面"而被引用。特别是处于人机之间的情况时，界面实际上起着一种计算机复杂操作中的硬性与人类柔性之间的缓冲作用。现在，甚至在人类与环境、精神与物质、建筑物与居住人、城市与市民等人类与其对立物之间也开始使用"界面"一词。

▌从实体到相关物

界面一词自被使用以来，原来两个彼此独立的实体变成了彼此相关的两个物体，接口对一方来说是另一方的一个符号。从哲学的认识论角度说，很大程度上可以说就是论述关于认知主体（主观）与被认知的对象（客观）之间的关系问题。也就是说，概念对立的两个彼此独立的实体，不是从相互的因果关系上去把握，而是在非因果关系的条件下使其结合为一个整体，并且把这个整体看作是一个事物的两个方面，而在这两者之间的就是界面。

▌符号群的互译系统

从上述观点看，笛卡儿以来被看作是连接相互对立且彼此独立的实体"心"与"物"（身）之间相互关系（心身关系）问题，其实就是两者之间界面的结构问题。近几年来，心理过程还原成大脑过程，开始认可两者之间具有因果关系。但是，心理过程与物的过程（大脑过程）可以看作是一个事物的两个方面，既是心脑同一说，也可以看作是符号的一个传播过程。

也就是说，对心而言，内省是一种符号，而对大脑来说，生理学外观是一种符号。这种内省与外观相互之间互译的界面，使心与大脑的连接成为可能。

这些观点表达了人与计算机之间一种新型的关系，人类所输入的信号对计算机来说是替代人类的一种信号。计算机根据这个信号来理解和处理人类的意图与情感，然后输出相关信号。这里显示的结果，对人类来说是替代计算机的一种符号，而将这些符号群进行相互之间翻译的，就是界面。（江川晃）

心与大脑的符号

心　符号＝内省

大脑　符号＝生理学之外观

◆信息

信息仅从数量上难以把握

> 数量曾经是掌握信息的一种方式，此后即转为信息的质量与其传播结构。

信息如果仅以量来表示，则可能导致信息意义与价值的丧失

信息这个概念是二十世纪四十年代之后由诺伯特·维纳提出的关于通信与控制的一般理论（控制论），之后又有了香农对信息量的定义，最后才形成于计算机科学中。在香农的有关信息理论中，信息量是采用比特（bit）来表示的，并把N个可知物种选择一个所获取的信息量定义为$\log_2 n$比特。例如，从一红一白两个球中选择一个并且如果知道是红的，则可获取的信息是$\log_2 2=1$个比特。香农因为把信息（信息量）从概率论数学的一个侧面加以理解，因而忽视了信息在日常使用中所具有的意义与价值。

信息价值的提供

吉布森的观点是采用"提供"这样一个概念，从另外一个角度去理解信息。所谓的"提供"是指环境所提供（afford）的具有意义与价值的信息，这不是物理性质，也不是某个主体结构物。所谓的提供是指环境条件，且对处于该环境中的认知者来说，是一种有意义、有价值的信息。例如，桌子上有一支笔。对成人来说，这是一支可折断的笔，而对幼儿或病人来说，并没有提供这是一支可折断的笔的信息。此外，提供不带刺激性而只是一种信息。这些信息并不是静态结构的排列，而是动态变化中不变的结构。从这个意义上说，有价值

什么是香农的信息理论？

> 通过各种通信渠道获取的信息从数学角度进行分析处理的理论
> 信息的特征在于定量把握而并非信息所表述的含义

的信息是指在社会相互行为中所组成的信息。

■ 用量来表示信息传播结构的信息单位

所谓构成信息单位的要素是指：就某一个对象而言，信息单位的构成是由其信息项之间的关系是否成立（或不成立）的基本状态所决定的。宇宙世界各部分的存在状况是以构成其信息单位要素的特点进行分类的。所谓制约是指：某种状况S与其他状况S′之间所建立的关系。人类可以通过对这种制约关系的认识，也就是与此同步可从S中导出有关S′的相关信息，而相关信息是通过制约方式从某种状况传播到另一种状况的过程中获取的。（江川晃）

附注　香农：美国数学家。通信理论创始人，曾在贝尔电话研究所研究信息理论。

◆ 交谈

人类的语言由说话时的状态决定

人类语言在交谈中产生意义，从而也建立了解释的基础。

■ 并非依据实体而是依据状况而定的（含义）

语义学是对有关语言（符号）含义的研究。如果逻辑学与计算机程序语言是形式语言的话，那么人类使用的语言就可称作是自然语言。这个自然语言的含义在以往语义学上被认为是一种模糊不清的实体，二十世纪七十年代初采用严密工具被称作是蒙太奇语义学的语法理论才开始自成体系。进入八十年代后，在重新认识语言含义这个理论概念的同时，新的框架开始形成，自然语言的含义在"交谈中依附于说话人说话时的具体状况而定"这一观点开始为大家所关注。其中作为新框架之一的，是巴威斯与佩里创建的情态语义学，通过交谈分析，对自然语言的含义开始以一种动态结构加以解释。

■ 动态自然语言

蒙太奇语义学根据以往逻辑学上的真伪理论规定了语言的含义，所谓语句含义的解释条件就是判断处在何种客观条件下它的含义是真实的。蒙太奇语言含义的规定中，对特定客观条件下的前后文关系只关注它的静态含义。而在最新的有关自然语言的语义学方面并不规定其含义的真伪，而只是从形式上研究语言表达所承载的信息。也就是说，"交谈"中出现的语言含义是在各种说话场合，即说话人与听话人之间一系列对话中所表达的真实含义，是由传达何种信息而决定的。因此，我们在日常生活交谈中使用的自然语言的含义,是无法在忽视动态说话状况下进行分析研究的。

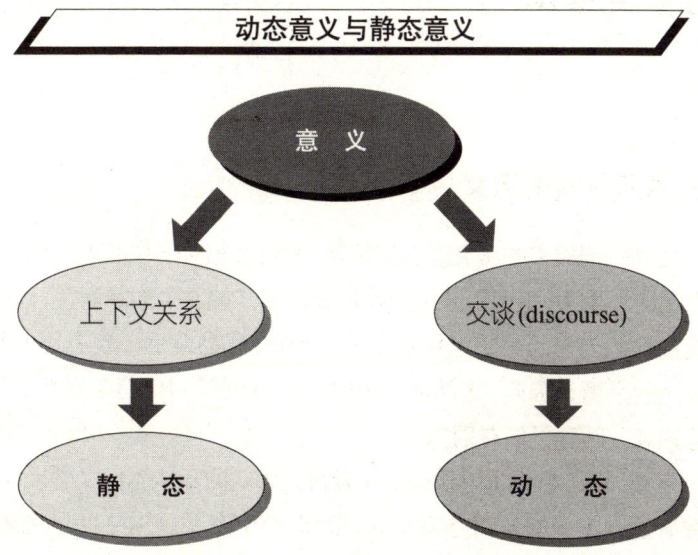

双重相互关系

交谈中自然语言所具有的动态特点,其一个侧面是语句与前后文之间双重的相互关系。交谈的含义并不只是依附于前后文关系(说话状态)而定,当一句话被说出来后,接下来就是根据其内容作出解释而新形成的前后文是怎样的一种关系。从语义学角度看,所谓语言的含义,是要掌握说话状况的各种形式之间的相互关系,并且,语句的含义又取决于其状况与当时语句所描述的状况之间的关系。(江川晃)

◆文本

文本存在于作品彼此的相互关系中

所谓文本指的就是作品。文本曾经被认为是一个封闭的系统。

文本所具有的意义

文本一词原来的含义兼有编织物、教科书和文学作品等,而现在也用在诸如绘画、摄影以及电影作品等方面。就文学作品而言,以往的观点都认为作为某一个特定作者的产物,作品背后一定有作者所要表达的意图。因此,作品是封闭的,作者就在其中,而在作品之外的是读者。两者俨然有别。

但是,根据曾给法国结构主义者很大影响的索绪尔语义学来说,语言只是因为同其他语言之间的差异而产生意义。作品也是这样,当某一个作品同其他作品相比较时才是有意义的。从这个意义上说,以往的作品是在历史发展过程中凝固的作品,而具有由许多作品关系构成的作品才可以成为一个真正的作品。正像巴尔特所指出的那样,作品具有多层次的空间,在那儿写就的很多文字(所写内容)相互结合,互相争斗,通过编辑,被加工成可从各种文化中产生并可加以引用的作品。享受作品的快乐,就是从这样的作品中对主体进行解剖。

世界已经被诠释

正如克里斯蒂瓦所给出的定义那样,所谓作品是指:将传达直接信息的语言采用一种联系以往或者同时代语言表现的方式,对语言秩序进行重新建构的工具。因此,作者通过重新编织作品从而产

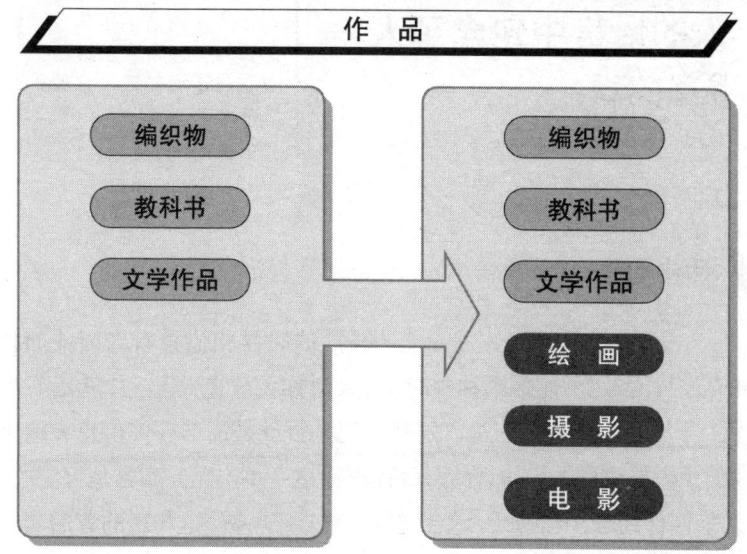

生一个新的作品,并形成新的作品素材。作品对读者来说并不是被动地去理解作品中的含义,而是在阅读过程中带给读者自然而生的含义。这里要求新的主体在作品的生成与相互作用中显现。德里达所主张的解构同自在地跨越过去到未来的作品之相互联系有关,德里达认为宇宙世界的生成可以在已经生成的作品中找到。联系作品上下文关系的是超越作品本身的特定环境,是给沟通因素以影响的周边事实与现象的整体。特别对作为作品内在的(intratextual)语言环境来说,为区别于作品上下文关系,有时会采用共存文本(co-text)的方式。(江川晃)

附注　所谓解构主义,原来指的是既存建筑物的重建。德里达为彻底批判形而上学的观点,开始把它应用在哲学之中。

◆语言行为

人的语言中包含了人的行为

一个人所说的话中包含了他的行为。语言要表达的并不仅仅是所说的话,它需要一个结果。

▌话中有话

一个人进屋后说:"今天好热啊"的时候相信会有人因此而打开窗户。当处于热带雨林中时,有人对你大声说:"当心,背后有鳄鱼!"你马上会落荒而逃。这些情况是否就是说话人仅仅想表达诸如"今天好热啊"或"你背后有鳄鱼啊"这一事实呢?回答是否定的。如果你仔细想一想的话,就会觉得"今天好热啊"这句话的背后其实是包含着说话人希望有人能帮着打开窗户的意思在内。此外,如"你背后有鳄鱼"并不只是叙述热带雨林的风景,很明显的就是对他人发出的警告。从这点看,我们使用语言时并不只是要描述某种事实,话中其实包含着某种行为在内。所以可以认为,说话其实就是表达某种行为(语言行为)。

▌语言的分类

奥斯汀把这种言语行为从语言的使用角度划分为以下三类:
(1) 说出具有某种意义的话(表意行为)。
(2) 说话人的语义行为(in),所想要达到的目的(语行行为)。
(3) 把语言作为传播手段(by),使其产生某种结果(语效行为)。
例如:一个男人对他的朋友由美说:由美小姐,想约你明天出去。分析如下:
第1 说话人说话符合语法规则,说话男性希望第二天能约会由美小姐(表意行为)。

第2 男性所说的话中包含有恳求行为(语行行为)。这个男人在以声音语言表达这句话时,语言之中包括了希望能邀请对方与自己约会的恳求行为。但是否能够实现,还取决于社会习惯、说话时的状况以及说话人的态度等。

第3 对听说这句话的由美小姐或其他男(女)朋友会因此或开心、或烦恼、或失望,有时甚至会产生诸如惊讶、恼怒或放心等不同的结果(语效行为)。(江川晃)

奥斯丁的言语行为分类

表意行为

构成有含义的言语行为。

语行行为

说话时(in),在该语言中结合说话人的目的。

语效行为

把语言作为一种手段(by),使其产生某种效果(传播手段)。

附注 奥斯丁是英国哲学家。因其对人类日常使用的语言所作的严密分析而被人们称作是言语行为分析第一人。

◆生命符号论

DNA中也有符号

哲学中说到"符号"一词时，会想起语言或交通标志等，其实符号还存在于生命世界。

交通标志与语言也是一种符号

在我们人类社会中充满着各种各样的符号，你只要外出就会看到许多交通标志与各式各样的招牌、广告牌。当人与人之间说话时，作为沟通的手段，必须使用语言，所有这些都是符号。但是，正因为有了这些各式各样的符号，才使人与人之间、人类与动物之间、人类与机械之间（计算机）结合在一起。有关这些符号的学问称为符号论。

符号不仅在人类中，其实还广泛地存在于生物界，甚至凡有生命的地方都充满了各种符号。据说因为有了化学才知道我们人体细胞的构成，由于荷尔蒙等信号物质才知道人决定为什么这样做而不是那样做的道理。正如我们通过自己的所见所闻来了解外部世界那样，细胞也同样了解自己的周围环境。也就是说，细胞是通过自身外侧的细胞膜所捕获的符号作为媒介来了解自己的状况。生命符号论（biosemiotics）正在试图进入细胞，甚至作为生命基础的分子领域。

所谓记号是表示某种含义的指号过程

丹麦分子生物学家霍夫麦叶曾关注过符号论的创始者——美国人皮尔斯所提出的指号三项关系（指号与人、指号与对象以及解释项）等。如果直到人类出现之前都是通过原因与结果等一系列的连锁反应过程而进化发展过来的话，那么抓住物质世界（经验世界）

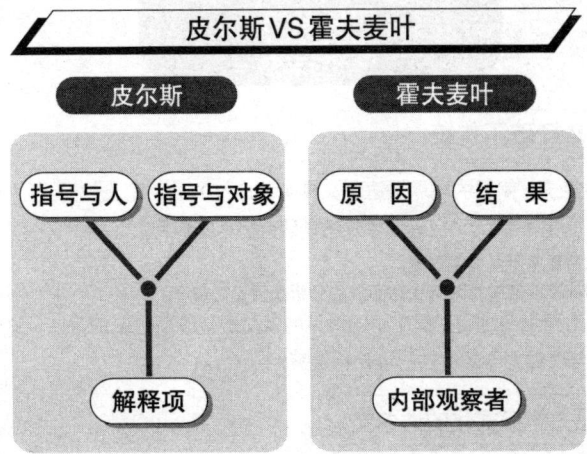

的原因与结果的内部观察者一定是人类之外的某种存在物。依据皮尔斯观点,所谓的指号过程是:被称为符号的是表示针对"谁"以及"什么"的意思。

▍用符号表示进化

生殖的本质在于符号互相交换时的指号过程(semiosis)。所有的生命体因为被制造物的符号化以及被写入的DNA分子而存在并延续下去。因细胞的反复分裂而形成的某种形态,是一个复杂的胚胎发生过程,只有受精卵细胞(谁)才能读取这个DNA(符号),才能生成翻译这个信息的生物体(什么)。这样,生命就是以这三项指号过程而得以延续下去,而生命的进化史是创造性的,是不可预先设定的。

就进化而言,各个部分被看作是由不可想象的实体所产生的"突创",当然,这个突创不可能以数学模式来加以说明。霍夫麦叶采用突创的生命经营、符号进化模式以及符号交换系统对进化作了诠释。(江川晃)

论 坛
趣味哲学拾零

如何避免谬误哲学

达尔文打破了传统

反对传统=偏见的观点是达尔文具有革命性的进化论,进化论从两个传统=偏见着手,起到了打破以往生物学研究桎梏的作用。

1. 生命现象不是力学现象。
2. 精神不能通过行为与生态环境的分析获得正确解释。

对以上两个传统观点提出不同意见的就是进化论所主张的观点。这个观点可以与牛顿力学革命性的理论相媲美。

把牛顿力学模式化的达尔文

达尔文的《物种起源》一书主要讲述的是关于生物进化的事实与进化分支结构的相关内容。进化分子的结构采用了自然淘汰来加以说明,而这种说明方式凝集了传统=偏见的反对意见。主要可归纳为以下一些内容:

(a) 牛顿力学的模式化(解释进化现象是通过力及力的作用而产生的结果)
(b) 把生物群进行统计处理(对生物群的变化从概率与统计上进行解释)
(c) 解释人类的行为与生态环境(对行为、伦理道德规范等从进化论的观点进行解释)

(a) "力作用于生物群的结果就是进化"的观点是指此观点与力学的思维方式基本相同。达尔文思考的就是外部力量的作用使生物发生变化,而这种变化就是一种进化。

(b) 系达尔文之后综合说所使用的解释。综合说创始人之一的费歇在把进化论从孟德尔的遗传学与自然淘汰说综合起来思考时,明确表明这是根据统计力学得出的结果。

(c) 凝缩了或反对、或对笛卡儿的传统观点持异议的观点。反对心身二元论,并把包括心身两方面在内生物的所有行为都放在进化论的框架中进行思考。达尔文《人类的起源》一书中采用了行为进化的观点,与精神相关的行为第一次被从自然科学的角度加以解释。伦理道德也作为与行为相适应的状态成了研究对象,这也是把伦理道德从自然主义角度进行思考的一种尝试。(西胁与作)

第4章 世界与知觉

我们所生活在其中的这个世界究竟具有什么性质,是一种怎样的结构

掌握本章节的几个要点

在自然界和人类社会的各种现象中都存在哲学

自然界中的哲学

DNA中也有哲学,动物的行为或人类免疫中也同样存在哲学,宇宙、时间等所有地方都有哲学的存在,例如无秩序状态。所谓无秩序状态是指:没有任何规则,没有周期性的运动。这与混沌和任意性有所不同,尽管可用计算公式表示,但却不可预测。譬如出差时因从家出发时仅仅晚了2分钟,但到达出差地却晚了2小时的事也时有发生。这个无秩序理论一直被认为是单纯的秩序性的东西,但其实是一个很复杂的行为过程。

人类可以骑上自行车出行

人类在初次骑上自行车之前,其实是在跌倒、爬起多次后,才掌握其平衡技巧的,能稳稳地骑上自行车是因为身体姿势开始与自行车的平衡趋向一致。这种自我形成的姿态就是自创生理论。例如,橄榄球比赛中根据比赛进程而形成的巧妙布阵,或如蜜蜂那样可以营造出非常漂亮的蜂巢等等。

行为先于思考

另一方面,我们把身体动作先于头脑思考称作是融合一体,即所谓的支应性。当人打算去拿置于自己眼前的杯子时,手与杯子的距离是时刻都在变化的,因而,人会不断地根据手与杯子之间的距离来随时调节手腕的位置与力量的使用。这里就存在着一种随同行为的认知过程。但是,这种身体的行为并不是每一步都经过仔细思考后采取的行动,是一个不断吸取信息、不断采取行动的过程。除此之外,知觉还具有寻求客体特征的特点,知觉与身体行为经常处在一个反复不断的调整过程中。

进化中的信息

人类的细胞中存在着遗传因子。根据遗传因子的不同,人所具有的才能、体能、性格以及遗传病因等会留传给下一代。人类细胞的正中央存在着染色体,而DNA就存在于染色体中。DNA中的蛋白质以链形相连接,其整体是一个染色体组。DNA并不全都是遗传因子,只是一部分担当遗传作用的称为遗传因子。除此之外,不担负遗传作用的DNA并不承担什么特别的作用,它们所起的作用是确定某一功能发现的时机,或在发生缺损时加以纠正,使用过后则原封不动地遗留下来。从这个意义上说染色体组是进化过程中的一个储藏库也可以。

细胞能识别非我

人类的细胞存在着能识别非我的功能。如果人体植入他人的脏器或皮肤,则免疫细胞会加以识别,并把它作为异物加以排斥,就如吸入花粉会引起过敏症一样。这个能识别自我与非我的功能就是免疫功能。利用这种功能,人类发明了预防结核病与天花的疫苗,从而大大减少了患病概率。免疫细胞如果完全没有了刺激则会死亡,所以常常接受自我刺激,可以使之处于可反应之状态,甚至有时把自我认定为异物而患上自身免疫性疾病。

◆无秩序状态

无秩序状态是分析复杂的自然界的方法

无秩序状态就是关于可以用数学公式来表示,却不可预测其结果的理论。

▌不可预测的决定论

没有任何规则,也没有周期规律的称为"无秩序状态",与单纯的混沌与任意性不同,它是一种不可预测的系统。但是,无秩序状态因为可以用数学公式表达,而数学公式中填入数值就可计算出结果来,所以就是关于决定论的理论。决定论者认为不管多长的未来,其结果都已经是确定了的,那么,利用这些理论为何不能预测其结果呢?

如果初期条件有微妙的区别,则复杂的系统中有时会出现预想之外的结果。例如,在离自己最近的车站乘车,因为列车仅仅迟到2分钟,而抵达目的地竟然迟到2小时的事情也时有耳闻。此外,譬如北京一只蝴蝶翅膀的轻微扇动,却有可能在佛罗里达引起一阵飓风,这种现象被称为对初期条件微妙不同的敏感依存。因为初期条件的不同导致不同的结果,但这与结果不可预测又不一样。

▌观察者无法完全把握变化

在无秩序状态过程中所发生的每一次变化,对观察者来说是无法掌握的。当我们认为情况发生变化时,变化发生的范围与实际情况还会随着下一次发生的变化而变化。当你认为这是变化时,这不过是下一次巨大变化的末端征兆,或从下一次发生的剧烈变化来看,只不过是既存事物中一个平坦的起伏而已,这样的事是时有发生的。从这点可以说,我们认为变化事物的范围与内容在当时往往是无法确定的。那么，是否从大体上可以确定呢？在收敛函数中可以说大致是可确定的，但在不收敛函数中则尚不明确。

就像下雨时的现象

无秩序状态的好处是原来以为是单纯的秩序问题，却可以以复杂的运动形式表现出来。当雨水顺着水管往下流时，并不是连续地、保持一定水量地往下流淌。往下流淌时一下子往下，然后再积聚再往下流淌。这个过程是非周期性也没有规律的。因为有一定的复杂性，所以说是自然现象，这就是无秩序理论的可信之处。我们可以从数学角度分析这个复杂运动，试着将特定部分扩大，将其他部分缩小来看。譬如在制作馅饼的材料时，将一部分拉伸而将另一部分压缩一样，无秩序理论就是提取自然界复杂性的高等技术。（河本英夫）

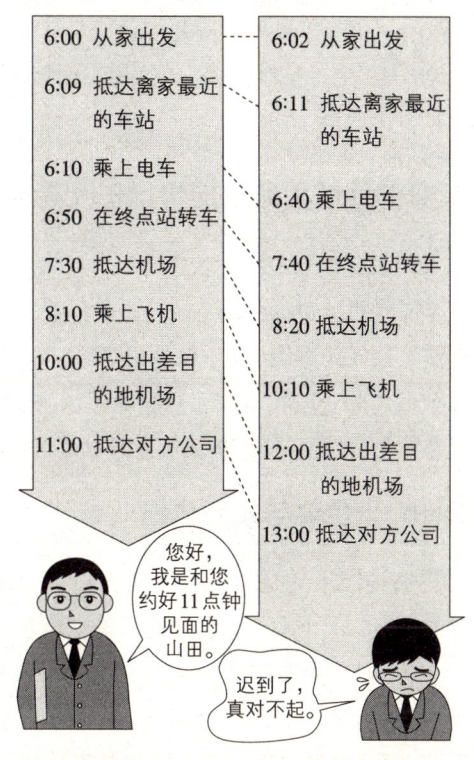

附注 一般而言，所谓的无秩序状态是指宇宙形成之前的混沌状态。

◆染色体组

进化中保存下来的信息

人类细胞中存在着遗传因子，这些遗传因子起着将各种性状遗传给下一代的作用。

■ 父母的才能之所以能传给子女是因为遗传因子的缘故

父母总是会有一些性状遗传给自己的子女。有时是疾病的遗传，有时是隔代祖父母的一些特质遗传给孙辈一代，甚至狩猎派画家的一些特质也会代代遗传下去。但是，有时会有一些意想不到的事情发生，应该被遗传的一些特质被大幅度地超越，出现了突然异变的资质，这种现象称为突然变异，产生突然变异也是遗传因子在起作用。

■ DNA、染色体与染色体组

与遗传因子类似的词汇有"DNA"、"染色体"、"染色体组"等，有时并不加以严格区分，混乱使用的情况也时有发生，例如，遗传因子的主体是DNA等等。DNA其实是一种叫作脱氧核糖核酸的化学分子，有腺嘌呤、鸟嘌呤、胞嘧啶、胸腺嘧啶等四种核酸，这些物质成串并形成DNA链，DNA链整体就是染色体组。DNA链由各种蛋白质缠绕四周而形成堆积状态，染色可在显微镜下进行观察，这就是染色体。遗传因子原本就承载着遗传信息，在个体活动中担负着信息传导的作用。这些信息是染色体组的一部分，占人类染色体组大约5%~10%的DNA起着遗传因子的作用。此外，除DNA之外如果还存在遗传信息的话，从定义角度看应该称为遗传因子。例如RNA如果有承担遗传信息的作用，也应该属于遗传因子。

染色体组究竟起什么作用?

如果说DNA染色体中充其量也就百分之几的遗传因子,那么染色体组中其他部分是干什么的呢?其实,这不单只是人类面临的问题。以青蛙为首的两栖类动物拥有的染色体组大约是人类的4倍,可以说,存在的DNA几乎都可以不要。但这里要说的是,除遗传作用之外,DNA还有确定发现其他各种功能的时机、纠正遗传因子缺陷的功能。之外,还有譬如为保持DNA链整体的稳定,从结构上来说虽多余但却是必需的部分。总之,染色体组就好比是进化过程中的一个储藏库。(河本英夫)

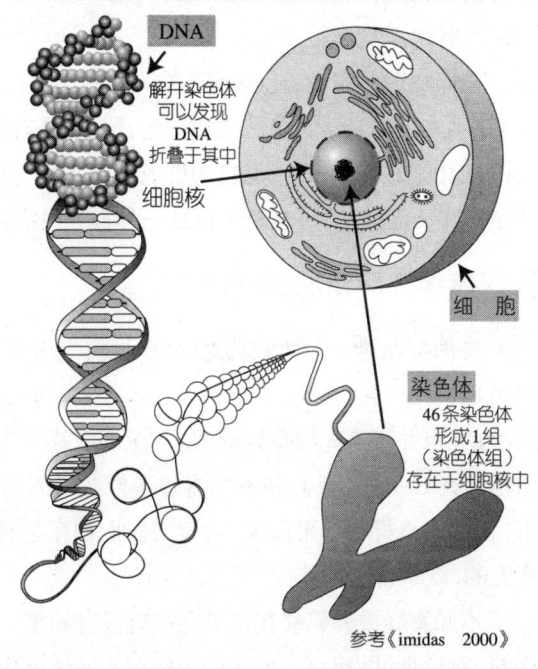

DNA・染色体、染色体组之间的关系

细胞的中心是细胞核,其中存在着46条染色体,总体称作染色体组。
每条染色体都被折叠在DNA中。DNA是一种叫作脱氧核糖核酸的物质,其主要成分是磷酸与脱氧核糖,由A、T、G、C四种碱基重叠成螺旋状结构。

DNA
解开染色体可以发现DNA折叠于其中
细胞核
细胞
染色体
46条染色体形成1组(染色体组)存在于细胞核中

参考《imidas 2000》

> **附注** 解读人类染色体组全碱基排列的尝试始于1988年,当时,在政府与企业中刮起了一股解读旋风。

◆自创生理论

人类为何能巧妙地学会骑自行车

> 自创生理论特指并不按事先计划预定而形成的人类相互间行为的持续性。

▍在行动中获得

初次骑自行车时虽多次摔下起来，起来又摔下，但终于能掌控自如。但是如果有人问为何能骑上自行车行走，却又难有清楚的答案。身体成为这样的一种姿势并作为自我形成的姿态而固定下来，其实也就是所谓的自创生理论的一种体现。auto（自我） poiesis（创作）一词大概就源于此。

在橄榄球比赛中，比较好的布阵总是同之前比赛有着某种联系。但是，事先决定带球队员然后按预定计划出赛有时并不能取胜，不如在比赛过程中，依实际情况自动形成带球队员，并在赛事进行中形成最佳布阵反而能取胜，这是否也是一种自我组织化的体现呢？

▍程序按实际情况进行修正

自创生理论一个比较典型的例子是：造房子。建房前召集相关人员相聚在一起，事先只是做出工匠相互之间如何保持作业连续性的决定，但并不事先准备设计图、示意图以及平面图等。工匠们抵达工地后开始工作，他们并不知道建造什么样的房子以及何时可以完工，但房子造好了。可以说，决定工匠们相互之间工作得以保持持续状态的，就是自创生理论。

不知蜜蜂或者蚂蚁在筑巢之前有没有相聚一起讨论如何筑巢什么的，对筑巢过程而言，要求的是根据实际情况作创造性的设想。在

自创生理论及其形成过程

这种情况下,观察者所看到的与发生在系统自身中的情况并不一样。客人来访,主人会插花迎客。但就植物来说,花其实是植物的生殖器,人类所爱其实是植物的生殖器。但对观察者来说,这是眼前之物在视觉上的转换。然而,如果要说眼前之物自身形成的过程,则仅用视觉转换还难以服人,应该是把眼前之物的形成过程看作是一种结构并固定下来,即所谓的自创生理论。(河本英夫)

◆自我组织化

新秩序因动而生

世上万事万物的形成过程并不是在匀速运动中发生,而是在左右摇摆中自行形成的。

■ 可以是全新过程的集合

无论是天空飘起的积雨云或者是给人类带来巨大灾难的飓风等,都形成于自身运动。此外,在交通方便的地方,最初只是几户人家定居下来的小小村镇,不久也会因经济活动的展开而形成繁华的城镇,再后来,因技术革新的进步又会形成新的更大的城市。这些因自身形成的过程的集合,称之为自行组织化。当以往的规律不再适应新形势的需要时,这些新过程集合的自我组织化就会大量涌现出来。在这种情况下,"动"(在某一个量的平均值上下不规则的浮动)这个概念与"动"介于其中形成的"结构(散逸结构)"很重要。

■ 逆规则而动

在洗脸盆的水中滴入一滴蓝色的墨水,原封不动放置2~3天后,墨水会很均匀地散开并溶于水中。自然界也是那样,随着时间的推移,包括质量、密度及成分等在内的等质性会逐渐往增大的方向移动。等质性程度的指标是"熵"(表示物理世界等质性程度的量)。这个熵增的热力学第二定律只在封闭的系统中成立,在开放的系统中不能成立,这一点在一开始已经指出过。蓝色墨水的分子处于不规则的随机变动之中,在这个随机变动中,极端的变化都会相互抵消,从整体上看,大多朝着靠近中间值方向运动。反过来说,不管是在什么情况下,都可知道其中包含着概率性逆大势而行的可能性,这就是所谓的"不规则浮动"。不规则浮动存在于任何一个物理系统中。这是一个逆规则而行的可能性,但我们无法确切知道这个可能性从概率角度看是来自系统的什么地方。因不规则浮动介入、特定倾向性增大而形成新秩序的过程,是一个自我组织化的过程。典型的例子是:漩涡与龙卷风。如被能量流动卷入其中,就会产生连续的运动而形成新的结构,这就是散逸结构。在锅中烧开水时,水从锅底向上运动而产生小规模的对流,这其实也是一种散逸结构的典型例子。(河本英夫)

热力学定律

热力学第一定律(能量守恒定律)

热能可以从一个物体传递到另一个物体,也可以与机械能或其他能量相互转换,在传递与转换过程中能量总值不变。

热力学第二定律

在自然条件下,热量从高温物体向低温物体转移,能量总值虽然不变,但这个转变是不可逆的,且任何转变不可能导致熵的总值减少。

> **附注** 所谓自我组织化是指:这一系统并不是单纯地存在,而是在与环境的相互关系中形成自我的一种思维方式。

◆免疫

细胞能辨认自我与非我

人类的细胞具有能区别非我的功能，这就是免疫功能。这个功能大幅度地减少了患天花与结核病的可能性。

▎所谓免疫是指：人类细胞所具有的能区别非我的功能

如果移植了他人的皮肤，则免疫细胞会将其视为异物而加以攻击。这可以理解为免受异物攻击的防护壁，是体现免疫的重要现象。但为了能免受异物的攻击而对异物加以攻击，免疫细胞必须处在一个可引起上述反应的随时可攻击的状态。如果在异物来临时再形成一个所谓的对抗势是来不及的。所以免疫就是细胞必须预先备妥一张能区别自我与非我的一览表。

这个自我与非我的区别，并不是自我意识加以区别的自我与非我，而是原本在生命中就存在的能区别自我与非我的物质。预防接种就是针对体内没有免疫细胞的疾病而由人工来制造免疫细胞。拿结核病来说，就是采用注射已被破坏的结核菌的残骸来制造免疫细胞。这种免疫可以采用结核菌素液来观察其反应，如果免疫细胞没有形成（没有由阴性转为阳性）则必须重新接种，预防接种的效果就是大幅度地减少了患天花与结核病的可能性。

▎进行自我攻击的荨麻疹

免疫细胞在一个完全没有刺激的环境中无法长久生存，这种现象称作"细胞凋亡"，即细胞的自杀行为。从这个角度说，免疫细胞应该永远处在一个不断感知刺激的过程中，即接受来自自我的刺激，使自己处在一个能随时反应但又不马上反应的状态，这与冬天启动车辆发动引擎是同样的道理。

如果是这样的话,则细胞任何时候认定与自我不同的异物,并随时对此作出免疫反应也并不奇怪,而且这种事情也经常会发生,这就是所谓的自我免疫疾病。譬如,身上出汗后有时会产生皮肤发炎的症状,有时甚至可能因某种原因而引起全身的荨麻疹。所谓全身荨麻疹并不只是发生在皮肤的表面,甚至在肝脏、肾脏以及大脑表面也会发生。但这种反应如果完全没有的话,则无法对付体内概率性发生的细胞变容体(例如,癌细胞)。

作为免疫主体的淋巴球,是从骨髓的造血干细胞中断断续续形成的。核电站发生爆炸事故有时就会破坏造血干细胞。此外,艾滋病的病菌会依附于免疫细胞上并将其破坏,降低人体的免疫功能,从而引发肺炎以及肿瘤等。(河本英夫)

细胞的自杀行为——细胞凋亡

| 因为酶的作用细胞变小 | 遗传因子指令细胞自杀 | 细胞缩小变细,被巨噬细胞吞噬 |

附注 自我还是非我的区别,就人类来说是由白血球中的一种即免疫T细胞进行的。

◆支应性

人在某种环境下先于思维而作出的自然反应究竟是什么

身体的自然反应先于大脑的思考称为融合一体,而引起反应所需的信息已经给出,这就是支应性。

▎什么是融合一体

飞禽在边调整速度边接近树枝并最终停在树枝上的这一过程中,会一边测量自身与树枝之间的距离,一边不断地调整自己身体的姿势,这里有一个飞行过程中的认知行为。因为与树枝之间的距离处在不断地变化之中,所以必须不断地调整自身状态。其实,当人在准备伸手拿桌上的杯子时,虽然是一个很小的动作,却也具有同样的道理。身体行为与环境之间在行为处于持续状态下时就是融合一体状态。简而言之,融合一体就是:当你注意周边环境之前,身体已经作出应对当前环境的适时反应。拿道路交通标志来说,拐弯处的斜线间隔越来越窄,当车行至此处时,驾驶员自然会松开离合器而去踩刹车,这个自然产生的身体行为与线条之间的关系就是融合一体的关系。

▎信息存在于环境之中

从认知角度说,这种身体行为与之融合一体的环境就是已经给出的信息。因为人处在那种情况下,不可能有时间去思考线条所具有的含义,并按此含义做出应该采取何种行为的决定。从认知的角度看相关信息已经给出,这就是支应性的第一个含义。此时,认知所获取的环境信息可以说都已经存在于环境之中,也可以说存在于通过身体行为与之融合一体的环境之中。只要信息都存在于环境中,就可确定其特性。飞禽停在树枝上时树枝产生的反力、弯曲、反弹等都是飞禽停在树枝上时不可或缺的物质特性，这个物质特性就是支应性的第二个含义。认知寻求的，就是这些物质的特性并将其掌握，此时，行为与认知就是与环境有关的双重活动。

支应性的含义

含义一

从认知角度看，信息已经给出。

含义二

认知在寻求对象的特性中把握对象。

认知与身体行为处于经常的、反复的调整中

在茶室喝咖啡时，会有并不打算去拿桌上的咖啡杯子，却下意识地伸手去拿而半途又缩回的现象发生。这并不是想去拿杯子然而又半途停下来，而是身体频繁行为的自然反应，我们把它称为常态修正。身体并不只是由认知与意识控制的行为，从这个意义上不如说是认知与行为不一致的地方，认知与行为之间的协调需要反复进行。（河本英夫）

◆相对论与时间

相对论中的光速宇宙旅行是否等同于时间旅行

相对论中"超光速运动的非可行性"与"不能重返过去"是结合在一起的。

宇宙飞船中的浦岛太郎

在绝对时空观的牛顿物理学中,不管以多快的速度进行空间运动,要先于其他人到达遥远的将来或重返过去都是不可能的。换句话说,空间旅行(space travel)并不是时间旅行(time travel)。但在相对论中,时间与空间不再是绝对的概念,以接近光速进行空间旅行时,前往遥远未来的时间旅行在物理学上是可行的。这种时间旅行在物理学上的可行性是与后来出现的广为人知的"双胞胎悖论"联系在一起的。双胞胎之一的A留在地球上,双胞胎之一的B则乘上宇宙飞船前往宇宙旅行,当双胞胎之一B回到地球上时,两者之间就产生了时间差。譬如,待在地球上的A已历经了40年岁月,在宇宙飞船上的双胞胎B仅仅只是过了4个月而已。这个现象是反牛顿物理学常识的,但没有破坏因果律,事情本身是可进行检验的。

时间的逆转

实际上,宇宙飞船运行速度的技术上限与光速比相差无几,从计时器看只相差一点,这点已经通过原子钟的实验得到证实。

由此看来,通向遥远未来的时间旅行从技术上考虑无论有多困难,要从物理学角度加以禁止的理由是不存在的。但是,在进行重返过去的时间旅行时,则会产生与通向遥远未来的时间旅行所不同的困难,这是因为在时间逆转问题上不能给出物理学上的解释。如果

双胞胎悖论

生活在地球上
40年

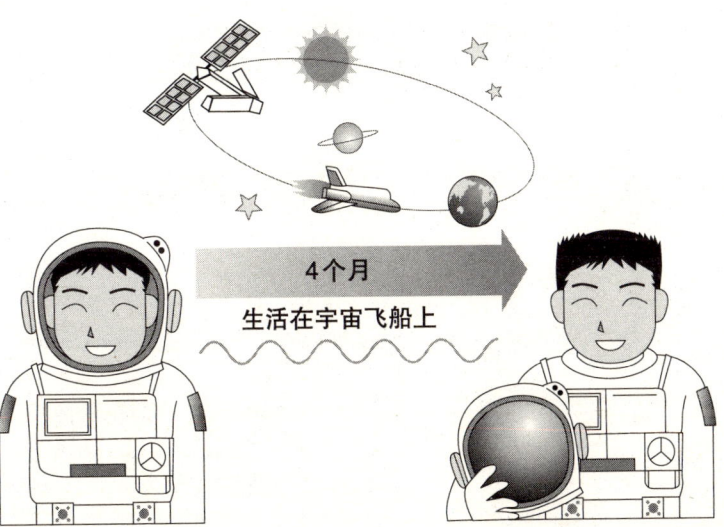

4个月
生活在宇宙飞船上

时间概念

牛顿的物理学

超光速与时间的绝对顺序无关

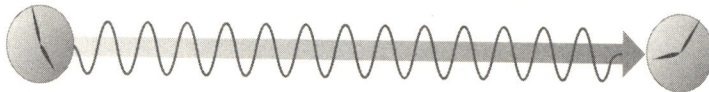

相 对 论

"不可能有超光速运动"与"不可能进行重返过去的旅行"两者是结合在一起不可分的

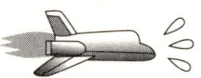

过去不能改变,则重返过去的时间旅行会使因果律失效,是不合逻辑的。然而,话虽如此,如果接受"假如存在超光速运动的物体"这一条件,则在相对论的框架中,我们可以就"重返过去的时间旅行是否可以接受"这一问题展开讨论。

▌宇宙飞船的光速飞行是不可能的

这种形式的"重返过去的旅行"是超光速运动,是以在现实生活中不可能的事情为前提而描述的事情。相对论包含光速以下速度的整合又超过光速的事是不可能发生的观点。同时,相对论指出速度越快,质量越大,所以即使推进力加大,飞船也无法加速,因此宇宙飞船要以超光速飞行从物理学上看是不可能的。

正因为如此,依据"反事实条件法"进行的关于"重返过去的旅行"的讨论,应该看做是对相对论时间概念特征的一个暗示。在相对论中,"不可能有超光速运动"与"不可能重返过去的旅行"两者是结合在一起不可分的。(田中裕)

◆不确定性原理

微观粒子的某些物理量如位置和动量,不可能同时具有确定的数值

量子力学体系的诠释与物理学家海森堡的原理。

微观粒子的不确定关系

海森堡在思考关于伽马射线显微镜的实验中指出,在做关于微观粒子位置的精密测量时,为提高解析度,必须使用波长较短(但动量较大)的伽马射线,但结果是观测设备自身会丢失关于微观粒子动量的相关信息。反之,在做关于微观粒子动量的精密测量时,若不丢失关于微观粒子位置的相关信息则得不到有关微观粒子动量的信息。也就是说,不可能同时对微观粒子的位置与动量进行正确测定。不确定关系的不等式在形式主义的量子力学中作为统计公式可以得到证实,一般而言,在量子力学系统可测情况下,理论上可作预测的是从概率上获得一个特性值。

海森堡与波尔之间的区别

人们一直认为海森堡的不确定性原理与波尔的互补性原理并列而成为量子力学"哥本哈根诠释"的支柱,但是,两者之间是有微妙区别的。

海森堡认为:不确定性是由于观察者不可能控制对观测对象的干扰而致;与此相对,波尔的观点则强调:不可交换算符的物理量就不可能将其定义为可以同时具有确定的数值。在波尔互补性原理的量子力学体系中,离开根据观察设备进行测定的主脉,其所有的可测数据不可能就是以往所确定的数据。

两者强调的问题虽有不同之处，但海森堡与波尔两人都关注着因观察准备与观察对象的测定以及记录不同而出现不同的"现象"，并没有采用独立于观察者的与存在有关的直接描述是否可能这一想法，从这点可以说：在量子力学方面否定了朴素的"存在"这样一个概念。

> **哥本哈根诠释**
>
> 在量子力学中，波束是重合在一起的。我们所能观察到的瞬间位置的概率性集中在一个点上，其他位置是零。其状态可以根据波的振幅对其作一个概率性的预测。

表示量子力学对象的"波动函数"并不是三维空间中"实在的波动"，观察者在观察时得到表示特定观察值的概率是"概率波"。哥本哈根诠释中说道：不同的结果对应着不同的原因，从这个意义上，是否可以说古典物理学的因果律有它一定的局限性呢？（田中裕）

附注 海森堡，德国物理学家。1932年获诺贝尔物理学奖。

论 坛
趣味哲学拾零

进化论是物理学中所没有涉及的全新的诠释方式

进化论是物理学观点的偏见

二十世纪后半期的生命科学发展史令人瞩目，其开端是沃森与克里克发现的DNA双重螺旋结构。以此为契机，遗传学快速达到了分子水平，分子水平的生物学有助于把生命现象还原于化学和物理学。但是，即使是达到了分子水平还是无法找到有关生命现象的规律。这大概是生命中的一些现象并不是独立存在的，并且似乎也只能用物理学定律来加以解释的缘故。

遗传信息仅仅用物理学原理恐怕难以完全解释清楚。那么，在进化论中如何解释生命现象呢？作为综合性的学说是二十世纪三十年代开始加以整理后的进化论，它包括了自然淘汰说与集体遗传学，是一种数学结构的理论。这是自然科学理论，不是生物记录手册。因为遗传学的观察与实验飞跃性发展的结果，具有分子水平的各种各样的发现与研究相继出现。但是，对进化论的偏见还存在。把进化论视为等同于物理学的理论，应该采用与物理学相同的方法进行研究，并且认为凡是科学理论都应该遵从这个原则。然而进化论的解释来源于"起源"与"适应"，而这些都是物理学中所没有的诠释方法，它超出了以物理学为基础的哲学分析范畴。

偏见的克服

生命现象的二个传统＝偏见的观点可以按进化论从原理上加以解释。但是，充其量这是有关原理方面的事情，至于如何具体化，至少从目前来看还不能说已经充分得到解决。进化论思考的是关于物理学上所没有的诠释方式，按照这个方式可以表示与物理学所不同的自然科学方面的可能性。也许精神科学也存在着进化论中所没有的全新的解释方式，而且这种可能性还比较大。当然有些方面我们还不能十分确定。（西胁与作）

生命伦理学

第5章

随着社会的发展,人类开始面临各种新的问题,对于人类来说,什么是正义,什么是善举

掌握本章节的几个要点

人类生存过程中几个重要的关于伦理方面的问题

关于生命伦理问题

我们把有关生命伦理问题称作"bioethics"。它来自希腊语中意味着生命的bios与包含有伦理意义的Ethos。随着科学的进步,原来一些不可想象的诸如伦理问题等开始浮出水面。第二次世界大战后,快速发展的科学技术除了给人类带来方便之外,也给人类带来了各种危害性后果。核能可以用来发电但也可用作杀戮武器;化学物质的农药其实也破坏了生态环境;分子生物学技术使人联想起克隆人的诞生。

随着这些问题的层出不穷,人类终于开始考虑必须制定一些新的关于伦理方面的规定。制定伦理方面的相关规定并对其作评估,并不只是专家们的事情,普通人也应该参与其中。生物伦理学的基本原理是"自我决定"、"善"、"公正"、"平等"以及"无害"等等。

医生与患者的共同认识

患者在接受治疗时"对给出的信息表示同意"乃是必要的条件,然后(医生向患者介绍医疗内容及疗效并征得患者同意后)进入治疗阶段。这就是生命伦理的基本原理之一,是在第二次世界大战后的纽伦堡审判中提出的。在认定集中营内进行的人体实验有罪时,制定了在进行人体实验前"被实验者自发性的同意是绝对不可或缺的"、"必须告知被实验者实验的危险性"等相关规定。此后,通过医疗事故等引起的诉讼以及赫尔辛基宣言和里斯本宣言等,医患双方在医疗过程中患者具有"接受医方充分解释的基础上接受或者拒绝接受治疗"的权利达成了共识。最近提出了"医疗行为并不是医方单方面的事情,医疗行为是医患双方共同配合进行的事情,患者也应参与其中"这样新的观点。

自己的生存方式应该由自己来决定

支持"医方向患者介绍医疗内容及疗效等,并征得患者同意后进入治疗阶段"这一原理的,是基于"自己的生存方式应该由自己决定"的观点。这是基本的人权,从哲学角度说是自由或者也可以说是自律。人类的自由有积极的自由与消极的自由之分,所谓积极的自由就是自己应该支配自己,个人自由在受社会秩序与法律保护的同时还受其制约。这方面思想的代表是卢梭和康德,现代则有罗尔斯的自由主义运动。所谓消极的自由就是自由不受他人制约,不受社会秩序与法律的约束。其代表人物是洛克与穆勒,现代则有诺齐克的自由意志论。从这些自我决定的观点中可以思考一下诸如器官移植等医疗问题。例如,某一个人死了,那么如何确认死者生前捐献器官的意愿呢?在美国或日本等国,只有积极表示自己死后愿意提供器官的才会被执行器官移植。但在欧洲,只要没有明确表示拒绝提供器官,即可视为愿意在自己死后提供器官。

关于安乐死的争论

对一些濒临死亡的人为缓和其临死前的痛苦而实施的死亡措施就是安乐死。但在这种情况下,只是由本人提出希望实行安乐死,从伦理角度看还并不充分。在不能缓和难以忍受之痛苦的状态下面临死亡,以及在如何实现安乐死的方式上,还存在着很多不同的意见。

◆生命伦理学

伴随科学技术进步而产生的有关生命伦理问题

有关生命伦理学问题称为"bioethics"。还有一个问题是：伦理方面的评估该由谁来执行？

关于生命伦理科学

我们把有关生命伦理问题，即研究其对人类来说是否重要的科学称作"bioethics"。它来自希腊语中意味着生命的bios与包含有伦理意义的Ethos。从更广泛的意义上来说，它还包括有关论述生命活动场所的环境伦理，并开展了与生命直接相关的围绕医疗问题的讨论。这些内容的讨论盛行于二十世纪六十年代到七十年代，而生命伦理学的提法最初是见于七十年代。1978年甚至出版了五卷本的以生命伦理学冠名的百科词典。

关于脑死与克隆问题

生命伦理学究竟是一门什么样的学科？只要考察一下它的创立背景就可有所了解。第二次世界大战后，快速发展的科学技术给我们这个社会带来了很大的恩惠，同时也造成了严重的危害，一些未知难题也随之相继出现。譬如，核能可作为杀戮武器用于战争，即使用于发电也会出现诸如核泄漏或随意处置放射性废弃物的问题，作为农药使用的硫化氢化合物还会逐渐造成生态环境的破坏。人工呼吸器在确保维持患者顺利呼吸的同时，也可能造成"脑死亡"的后果，分子生物学技术则使克隆"不同年龄单卵双胞胎"的诞生成为可能。面对这些新事物给社会造成的直接影响，很多人开始认识到必须就这些新事物给社会带来的直接影响，在一个更为广泛的视角上对其进行一个评估。有关生命方面的技术评估成了生命伦理学的一个重要课题。

谁具有决定权

问题是由谁来作这个评估？生命伦理学开始讨论的二十世纪六十年代是一个提出不同观点的年代。例如在美国，被征兵赴越南参战的学生对政府提出质疑、因种族歧视问题黑人对白人种族主义者提出质疑、女性对强迫自己服从的强有力的男人提出质疑等等。也就是说，相对握有决定权的人群来说，时代要求被强迫执行决定的人群也应该有自己的意见和看法，并在此基础上共同参与决定。

科学技术的评估也不例外，以往有专家说了算的，以后非专家也应该参与评估与决定。从医疗问题看，除了作为医生的自然科学者，其他如哲学等人文科学的跨学科工作者、医疗政策的决定与执行者，甚至患者与普通人参与的市民运动，这些都应该出现在这门学科中。这就是征求患者同意后进入医疗阶段所具有的含义。(樽井正义)

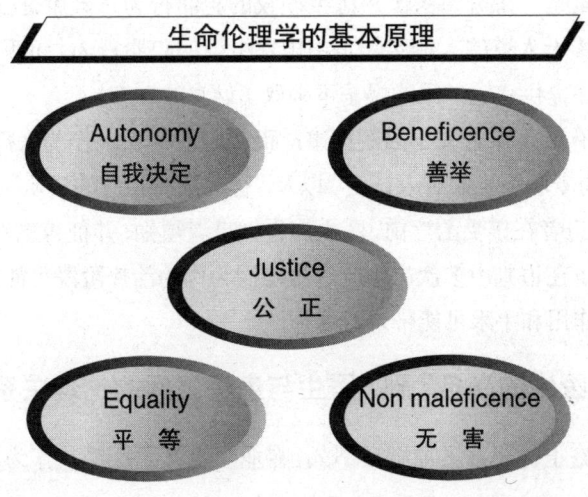

◆治疗前医生向患者介绍医疗内容及疗效等,征得患者同意后进入治疗阶段

从战争审判与医疗事故判决中发展起来的医患关系

医疗改革现在已经成为医生与患者共同面对的问题。单方面的判断并不能推动医疗改革前行,人们需要的是医生对患者告知医疗内容与疗效等,并在征得患者同意的条件下进入治疗阶段。

纽伦堡法典

直译为"在给出信息的基础上征得同意",是生命伦理学的基本原理之一,历史上经历过三个阶段,有三个方面的问题。最初是在法庭上,即审判纳粹战争罪犯的纽伦堡法庭。在集中营内的人体实验被定为有罪时,也同时提出了在人道方面所容许的实验条件,这是因为没有人体实验,新医疗技术与新药的开发都是难以实现的。这也是"纽伦堡法典"规定了"人体实验不可或缺的条件是被实验者主动提出愿意接受实验",以及"实验之前必须告知被实验者可能面临的危险性"等。纳粹集中营的大屠杀是纳粹分子的惨无人道,而人体实验则是一部分军医滥用医生职权的犯罪行为。毋庸赘言,日军进行的惨无人道的人体实验是由国家组织的犯罪行为,而西方一些国家则在提供实验结果的幌子下采取了姑息的态度。

还有就是通过关于因医疗事故而提起的诉讼。作为医疗条件,除"作为专职医生的有效认定"以及"行医须有相应的资质"两个条件外,"患者在接受治疗前,医生应告知患者须知,并征得患者同意"的观点也在审判中多次出现。这也是因为作为治疗阶段可能出现的用药副作用和手术可能带来的痛苦。

从"医生的义务"到"医生与患者之间的伦理关系"

法庭上提出基本原则后不久,专业医生开始接受其作为自身职

业伦理道德的观点。在欧美等国，医生是重视传统自治的团体。世界医师协会的"赫尔辛基宣言"规定了人体实验的前提条件是必须征得患者本人同意，"里斯本宣言"则明确提出了患者具有"在听取医方详细说明后接受治疗或拒绝接受治疗的"权利。

从二十世纪八十年代开始，医疗伦理道德不再只是针对医方，而是强调医疗伦理道德是医生与患者双方的事情。

医生向患者告知医疗内容及疗效并征得患者同意后进入治疗阶段

在采取治疗措施前，医生应对患者详细说明症状、治疗目的以及治疗方法等，内容应该简单易懂，并在征得患者同意的基础上与患者共同参与治疗工作。

医生应该告知患者的内容

1. 根据诊断结果后得知目前患者所处的现状。
2. 治疗所必需的检查项目与目的。
3. 治疗中可能遇到的危险性。
4. 治疗（用药以及手术等）的成功概率。
5. 除被认为是最佳治疗方案之外的治疗方法。
6. 如果拒绝接受治疗可能造成的后果，等等。

其中虽有各种说法，但是主要的应该就是现代医疗自身如果不再采取医生应将须知告知患者、由患者配合医方共同进行治疗这样的方式，恐怕会带来很多问题。在我们的实际生活中，现在以成人疾病为主的慢性病，如果只是单方面依靠医生已经不太现实，患者自身也应该积极参与到治疗中去，特别在一些疑难杂症的治疗中，实验性的治疗恐怕是不可避免的。从这个角度看，相关的方针政策以及决策所需信息的共享应该是理所当然的事情。（樽井正义）

附注 开始出现由"征得患者同意后进入治疗阶段"转向更为重视患者选择权的"患者是否接受治疗选择"的思维方式。

◆ 自我决定

所有人都能决定自己的生存方式

积极的自由与消极的自由之分。

法学意义上的人权与哲学意义上的自由

比支持"医生告知患者须知并在征得患者同意后进入治疗阶段"这一观点更为普遍的观点是：自己的事情自己决定，即自己的生存方式应该由自己来决定。这种观点从法学意义上看是基本人权，而从哲学观点看则可称为自由或自律。

现代自由哲学起源于近代西欧，对什么是自由有两种观点。从伦理学者看，其一是"自己支配自己"，其二是"自己不应受制于他人"，亦即可分为积极的自由与消极的自由。

积极的自由与消极的自由

积极的自由其代表人物是卢梭与康德。在"谁是支配人"这一问题上，可以按自己的欲求分成两方面来回答。从未来前途着想（多学习一些知识）的自我支配着被时常出现的欲求所左右的自我（想逃学），只想着自己个人欲求（想打人）的自我服从于其他人共同所有欲求（避免冲突）的自我。这是其一。

消极的自由其代表人物是洛克与穆勒。为弄清"不受约束的范围有多大"这一问题，可以将自己的行为视为只是与自己个人有关的行为（思维与表现），和与他人也有关的行为（打人、助人）两种。与他人有关并危及他人的行为，肯定受他人的约束，只与自己有关的行为，别人不得干涉。这是其二。

消极的自由VS积极的自由

消极的自由主义者认为个人自由不受社会秩序与法律的约束,并努力确保扩大不受法律约束的范围。类同于个人与社会处于对立面并置身于社会之外,主张小政府,最小的国家。积极的自由主义者是要确立自己也应遵守自己制定的法律,认为个人自由在受社会秩序保护的同时也受其制约。个人与社会是一个人的两个方面,处于相互支持

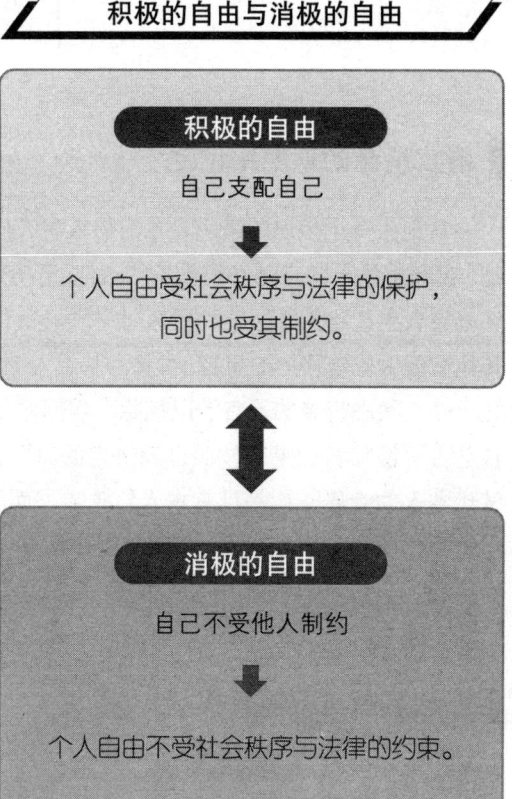

积极的自由与消极的自由

积极的自由

自己支配自己

↓

个人自由受社会秩序与法律的保护,同时也受其制约。

↕

消极的自由

自己不受他人制约

↓

个人自由不受社会秩序与法律的约束。

的关系,这种观点可以与社会主义国家与福利国家相联系。目前主张消极自由主义的有诺齐克的"放任主义"(libertinism),积极的自由主义则有罗尔斯的"自由主义"(liberalism)。(樽井正义)

◆器官移植

死者提供器官的意愿如何加以确认

在美国,依据死者生前填写的器官供者卡确认本人生前是否愿意在自己死后捐出自己的器官。在法国,制订了尊重不愿捐献器官意愿的制度。这是社会制度的差异。

器官捐献的意愿由谁定

从他人身上摘取的组织或器官植入患者体内所涉及的问题之一是:在利用他人器官时必须具备的条件,还有就是他人的身体,或者部分或者生产物用于医疗和研究时必须具备什么条件等等。为救助其他需要做器官移植的患者,可将心脏或大脑处于不可逆转的、功能处于停止状态患者的器官予以摘除。但问题是由谁来决定患者的器官是否可摘除?如果是按照自我决定的原则,那么没有任何人可以替代本人的意愿。如果没有本人口头或书面的授意,则可由家族决定是否捐出器官,这在很多国家的法律都有相应的规定。不过需要指出的是,作出这种规定的经过与形成其背景的思维方式却存在着不同的地方。

愿意捐献与不愿意捐献

在美国,器官摘除最初只限于在(器官)捐献卡上表示愿意捐献自己器官的供者,因而在数量上还远远不够。后来就采取如果死者生前没有表示,但家族表示愿意捐献死者器官也可以进行器官摘除手术,因而扩大了器官捐献的范围。在法国,原来只要医生作出可以利用的判断就可实行器官摘除手术,后来为了尊重不愿捐献人的意愿而有了登记制度,从而缩小了可捐献的范围。其实,对尸体作解剖以明确死因,器官移植也有利于其他患者,所以后来逐渐开始被人们所接受。而之所以容许，是因为死因确认与器官移植同样有益于人类社会，而医生只不过是作为自己的工作在执行任务而已。

社会意愿与个人意愿

在美国采用器官移植方式进行治疗被认为只是个人问题，比较倾向于认为社会尽量不要干涉为妥。在器官捐献问题上仍然停留在器官的捐献人与受者基本上都是个人意愿问题的阶段，而社会只是规定了作为中介所必须具备的条件。在法国甚至整个欧洲，一般认为医疗问题应该属于社会保障问题范畴，所以大家都参加了社会保险，器官移植虽然也属于社会援助范畴，但器官捐献涉及人类身体，所以在是否捐献应由本人决定的条件下，存在着一个社会意愿与个人意愿的协调问题。积极的自由与消极的自由在个人与社会关系上表现为思维方式上的不同，器官捐献问题上同样存在这样的问题。（樽井正义）

关于器官移植的意愿

捐献者本人愿意捐出自己器官

只有捐献人积极表示愿意提供自己的器官才可捐出自己的器官。
如美国、日本等。

捐献者没有明确表示拒绝，因而推断其有捐献的意愿

为解决因器官供者数量较少而产生的各种问题，只要器官供者没有明确表明拒绝捐献自己器官的，即视为愿意捐出自己的器官。
如法国、比利时等欧洲十五国。

附注 日本于1997年制定了只要本人表示愿意捐出自己的器官，在脑死的状态下可以采取器官摘除手术的相关法律，并付诸实施。

◆生殖医疗

子宫属于个人还是属于社会

由于生殖医疗技术的发展,人类可以采取人工妊娠与生育,生殖医疗的范围由社会决定。

哪些人适用体外受精的相关规定

孩子由父母性交而得以出生,而生殖辅助技术则使不通过性交而生育孩子成为可能。将取出的精子植入子宫称作人工授精,同时取出卵子并在体外生成受精卵,然后植入体内的称为体外受精。生殖医疗中的伦理问题之一是究竟谁可以利用这种技术。据说十组男女配偶中有一组即使反复通过性交也不能怀孕。生殖辅助技术本来应该是为不孕不育者而开发的一种技术,在英国、法国以及德国等欧洲各国都采取了医疗辅助技术为上述对象服务,但在美国没有任何类似的规定。

什么是租借精子及子宫而怀孕

生殖辅助技术还牵涉利用他人配子与移植医疗的相关问题,即在人工授精的情况下可以接受他人提供的精子,而在体外受精的情况下可以接受他人的卵子。在德国只认可精子的提供,而在英国与法国,卵子的提供也在容许的范围之内,从这点说,与没有制约的美国相同。但是,更为本质的区别是:在英、法以及德国禁止有偿提供配子,而在美国则没有类似的约束,实际上处于一种可以进行买卖的状态。不同的是借腹生子是否容许。英、法以及德国是禁止借腹生子的,而在美国则没有相应的制约,有些州处于可以有偿进行的状态。所以,有些独身者可以通过将自己配子与购入的他人配子配合在一起,然后植入其他女性子宫内,从而达到生育小孩的目的。

这里还存在着美国与欧洲各国不同的社会制度

美国之所以没有相应的规定,是因为生殖辅助技术的利用、配子以及子宫的利用等都是相关人员个人自己决定的事情,努力要排除的是来自社会的各种干扰。但问题是生殖并不是一个人或夫妻之间的事情,从本质上说,其实还牵涉到将要出生的孩子。在欧洲,考虑到孩子是无助的,因而需要社会的支持,对出生后的孩子来说,父母是至关重要的,所以制定了相应的制度。人类的配子、子宫甚至身体的一部分在美国都被视为如自己衣服之类的东西,是属于个人的财富,可以任意处置。而在欧洲,孩子与土地一样虽然属本人所有,但并不是可以无限制地加以利用,从根本上说是受社会制约与保护的对象。(樽井正义)

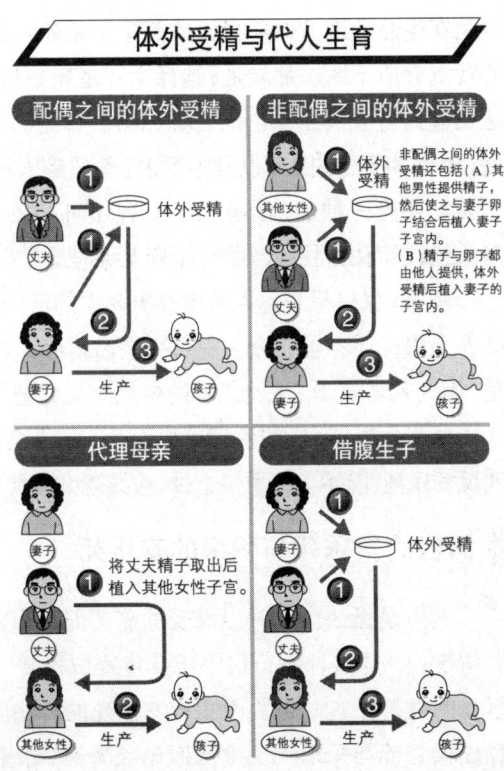

附注 日本最早容许非配偶之间的人工受精始于1949年。

◆安乐死

自然安乐死与给药安乐死

> 人类安静地离开人世的权利如果认为只是本人的希望,其理由从伦理道德角度看还是不够充分的。

■ 安静死亡的权利

没有痛苦的死即等同于无病消灾,是古代人类就希求的事情。但是在生命伦理方面所讨论的关于安乐死问题的前提却与迄今为止的观点有所不同。那就是,选择生还是死必须由本人明确作出表示,这是遵循自我决定原则的自然归结。曾经的安乐死是:病人痛苦不堪,生不如死,周围人也看不下去,希望病人可以安静地赴死称为安乐死。还有一种是:活着已经没有任何意义,反而增加本人的痛苦与负担,因而由周围人判断,让病人平静地赴死,被称为安乐死。

但是,仅仅只是本人希望接受死亡的话,则从是否符合生命伦理条件上来说还不够充分。安乐死是需要他人帮助而得到实现的。但是,因为死者属于"无论怎样的生总比死好吧",或者是"给他人带去死亡总不是好事吧"的伦理道德所共有的社会的一分子,所以如果要实现安乐死,除本人的愿望之外,应该还需要其他若干条件才能实现。

■ 消极的安乐死与积极的安乐死

其一是无法缓解难以忍受的痛苦而濒临死亡者,其中又分为两种情况:一是这种痛苦仅限于身体难以忍受,二是包括精神上难以忍受的痛苦。其二是关于实行安乐死的方法问题。例如,在通过静脉提供营养与采取人工呼吸以延长寿命,即采取保守疗法以"自然死亡"结束生命,还有是容许给药促其死亡的"杀死"方法结束生命。

这就是"积极的安乐死"与"消极的安乐死"之分,但其实任何一种方法都与人为"结束一个人的生命"没有任何不同之处。

从学术界目前认为社会无权干涉个人决定的情况看,首先认定消极安乐死可称为自然死,然后容许实行积极的安乐死,最后再就权利问题进行讨论。这里顺便提一下关于为减轻痛苦而增加吗啡用量的方法,这种方法被称为拉近死亡距离的"间接安乐死"。当然这并不正确,因为这里没有表示想死的意愿。

此外还有"尊严死"的说法,专指消极的安乐死,当然这种说法也并不确切。即使处于痛苦之中,或者无法与人沟通失去知觉,对于希望尽人寿的人类来说,应该尊重其人的意愿,这才是尊严死的原意。(樽井正义)

两种安乐死

积极的安乐死
患者濒临死亡,根据本人意愿医生采取直接置死措施。

↔

消极的安乐死
患者濒临死亡,放弃积极治疗方式,使其自然死亡。

根据日本案例制定的容许安乐死的条件:

1. 患者承受着难以忍受的痛苦。
2. 患者濒临死亡。
3. 已经想尽办法减轻患者痛苦,而且没有其他方法可以替代。
4. 患者本人提出希望实行安乐死。(围绕关于希望实现安乐死的意愿"死亡的自我决定权"问题还存在各种不同的意见。)

◆遗传因子诊断

遗传因子信息的私密性

随着有关遗传因子科学技术的发展，出现了遗传因子相关信息的适用范围问题。

■ 通过遗传因子获知病因的可能性

构成人类身体的蛋白质是根据遗传因子所具有的信息完成的。人类在出生与成长过程中，自身所获得的与从父母那里继承的遗传因子是结合在一起的，因而如果了解了遗传因子，则人的一半就可知晓，遗传因子就是人类随身的信息。生命伦理学涉及的是关于人体实验、人体的一部分与生产物的利用（器官移植）、医疗技术的利用（生殖医疗）以及医疗信息的利用问题。而遗传信息涉及的是关于谁、什么条件以及在多大范围内适用的问题。遗传信息可以通过遗传因子的检查获取，并且当根据遗传因子检查的诊断与其他诊断不同时，可以获得以后可能会患何种疾病的相关信息。诊断在很多场合下是一个概率问题，在一般的诊断中，根据患者身体现状诊断为大概是癌症吧，然而通过遗传因子可以得出患上癌症可能性的诊断，即可以得出可能患上癌症，也可能不会发展为癌症的结论。糖尿病通过遗传因子诊断的概率较低，虽然有预防的办法，但患少年性老年痴呆症的概率比较高，所以等于没有治疗方法。还有就是关于出生前根据诊断而采取的人工流产是避免患上疑难杂症的方法之一，也就是说，如同一般的人工流产那样，不希望生育"患有这种疾病的孩子"是基于概率所作的判断。当然，不管是哪一种诊断，是否接受对本人来说是个两难的选择。

遗传因子与有血缘关系者有关

带病遗传因子的个性由被称为染色体组的DNA整体的0.1%组成。所以遗传信息基本上属于个人隐私,对医生来说,就如同其他有关个人信息那样,应该尽到保守秘密的义务,因为遗传信息还包括诸如亲兄弟那样有血缘关系者的相关信息。再进一步说,只要是作为疾病的信息,那么即使是第三方的保险公司在订立相关契约时也会考虑加以利用。

染色体组的99.9%是人皆相通的,因而遗传因子也是人类共享的信息。如果能检测出致病遗传因子,则对于诊断方法与治疗用药的开发都会带来经济上的好处,所以各具体的遗传因子的检测方式都会提出专利申请。当初在美国认为社会制约不应该存在而导致的专利竞争,使当时认为染色体组是人类所共有的财产、因而对此抱批判态度的欧洲也开始追随美国。(樽井正义)

有关染色体组与遗传因子研究的伦理方针

基本方针

依据染色体组与遗传因子的特点,可适用于任何染色体组与遗传因子的研究,是研究单位所应该遵循的伦理道德。基本方针是尊重人的尊严与人权,在社会的理解与帮助下达到推动研究进一步发展的目的。具体内容如下:

1. 尊重人的尊严。
2. 事前的充分说明与自由意愿的表达。
3. 坚决保护个人信息。
4. 实行有益于社会、能贡献于人类知识基础、健康以及福利发展的研究工作。
5. 优先考虑有益于科学及社会发展的人权问题。
6. 确保根据本方针制定的研究计划的实行与遵守,确保站在独立立场上的伦理审查委员会事先审核并认可的研究工作的合理性。
7. 按时发表第三方研究实施状况的实地调查与研究结果以确保研究的透明性。

(日本文部科学省、厚生劳动省、经济产业省)

> **附注** 遗传因子诊断随着聚合酶连锁反应(PCR)的开发,开始能快速检测出致病遗传因子,并且发展速度非常之快。

◆地球生态环境

生态环境中的哲学

环境问题虽被各国提上了议事日程，但在如何看待生态环境问题上，与其说从客观角度思考，倒不如说与人类价值观有很大的关系。

对缓慢变化感觉迟钝的人类

在人类日常生活中很容易忽视的一个问题是：超过60亿人口所进行的各种产业活动给人类共同的母体——地球环境所造成的影响这一事实。人类对于变化较快的事物很敏感，然而对于缓慢的、间接性的变化的感觉却非常迟钝。但是现代环境的污染问题已经成了一个日趋严重的不可忽视的问题。我们在孩提时代到处可以看到的无数昆虫现在已经不知去向。

如何看待生态学问题

生态学不是一个只考虑眼前利益的问题，应该把地球生态环境的整体动向放在一个统一的、长期的规划中去看。这个问题在还原性的单纯的系统中与发挥着出色力量的普通的自然科学不同，是探索系统整体与其众多要素之间相互关系的一门学问。

森林的迁移理论以及捕食者与猎物之间在数量上的关系，在有关碳、氮等物理环境方面，生态学曾对此有过重要贡献。但是近20年来，生态学作为社会生物学与进化生态学沦为只是论述有关遗传因子留给下一代的战略研究学问，而曾经对于自然所具有的丰富敏感性已经远远退居幕后。在回顾二十世纪生态学史时，我感到的只是某种悲哀。

不存在纯粹客观的数据

更需要作进一步确认的是,当人们说到生态环境时,一般都会马上联想到社会运动,对地球生态环境所应有的存在方式是超越自然科学的观点已成为大家的共识。这也同人们希望看到的是一个怎样的地球,作为人类应该留下一些什么这样一些涉及价值观的问题有关。收集纯粹客观的有关生态环境的数据看上去似乎不错,但是实际上很难实现。如何看待生态环境问题本身是对反映人类生活方式以及价值观的认识,这个问题今后会成为一个非常重要的问题而摆在人类面前。(金森修)

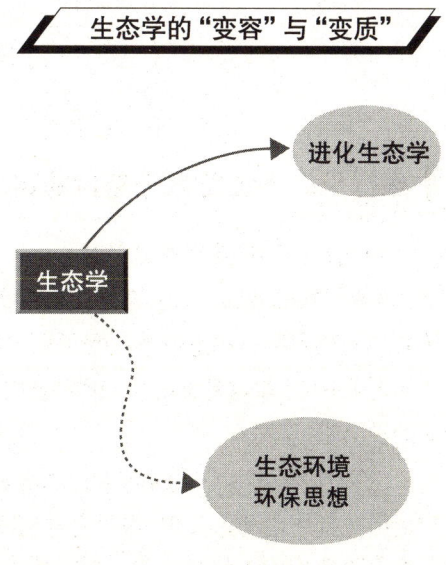

生态学的"变容"与"变质"

生态学 → 进化生态学

生态学 ⇢ 生态环境 环保思想

附注　生态学是关于生物与环境关系的学科,可以分为阐明同种依存关系的生态环境的生态学与思考进化问题的进化生态学。

◆环境问题

各种形态的生态环境

有关生态环境问题的讨论始于二十世纪六十年代,并围绕着短期利益追求与长期环境保护两种不同的观点而展开。

■ 盛行于二十世纪六十年代的自然环境保护运动

现代社会的环境污染已经是一个不可否定的问题。臭氧层的破坏、地球气候的变暖、土地流失以及环境荷尔蒙等等,对此了解得越清楚越会感到有一种急迫感。据预测,到二十一世纪中叶,人类人口将接近100亿,在这种情况下,试问我们还能创造一个保持公平与正义的社会吗?

为解决环境污染问题而举行的各种社会运动和政治活动通常称为保护自然运动。其实,保护自然运动早在十九世纪已经存在,但在全世界范围内大规模的出现则是在卡森、康芒纳与埃利希活跃的二十世纪六十年代以后的事情。卡森的《沉默的春天》指出了化学物质已经对环境中鸟类的健康造成了恶劣的影响,是唤起人类应该对环境问题引起注意的划时代的文献。之后出现了罗马俱乐部提出的成长受制论,以及埃利希等在人口爆炸论中提出的地球有限性等已经开始进入人类的意识。

■ 关于生态环境保护的各种思想

为了保护生态环境,美国于二十世纪七十年代通过了不少相关的法律、法规,所以二十世纪七十年代被称为"环境十年"。但是,获胜之后的环境保护派与一些开始着急的企业与首次开始考虑产业保护的政权之间又展开了艰苦的论战。企业方面非常巧妙地操纵着舆论,认为环境保护方面的工作存在失职行为,税负沉重,是自食其果,所以有很多关于环境保护方面的诉讼反而是企业方面获胜。

主流的环境保护民间组织(NGO)开始半途而废,在与企业和政府之间的反复妥协之中,一些基层的群众组织为了保护自己的生活环境开始组织起自己的环境保护团体。二十世纪八十年代,为了所谓的保护环境甚至出现了破坏土木建筑设备的过激派。另一方面,不仅是人类生命,从原理上说,在所有生命都应该一视同仁的广义生态学与环境问题上,无视社会歧视与不平,生态学则无从谈起的各种环境保护思想开始抬头。

利益追求与环境保护

在目前环境保护处于极其复杂的发展过程中,有关环保问题是与工业社会一边进行微妙调整、一边缓慢推进,因而不再是与企业和政府处于一个对决的过程。这是因为一个好的健康的生活环境对企业和政府高层来说也是一件非常重要的事情。以后的

问题是如何协调好短期利益与长期环境保护问题,围绕这个问题也会出现不同的意见和争论,而这些意见是否妥当,是否是建设性意见,其实是关系到人类命运的重大问题。(金森修)

附注 生态学(ecology)是指环境保护运动。在哲学领域中则有诸如格雷戈里·贝特森以及阿恩·奈斯等。

◆女权运动

在医疗名义下对女性的侵害

历史上曾有过假借医疗之名对女性实行惩罚的行为。所以在医疗改革方面有必要采取慎重的态度。

■ 弱者被用作医学实验的材料

这不是一般的争取女权运动,而是以生命伦理学问题为中心而展开的关于争取女权运动的讨论。美国妇产科医生西姆斯作为"妇产科科学之父"而名垂史册。但就是西姆斯在治疗因难产而导致膀胱与阴道相连的疑难杂症病人中,有一名病人曾是他自己的黑人奴隶。当时对这种疾病从手术上施加治疗的记载尚未建立,即使是采取手术治疗,也是在没有麻醉的情况下实施的。然而,西姆斯还是采取了手术治疗的方式,并且选择的对象就是这名患者,难道这仅仅是一个偶然吗?女性、黑人、自己的奴隶这三重弱者偶然患上此类疾病,而西姆斯则利用这个机会在治疗的名义下反复进行实验,这样说恐怕会更正确一些吧。

■ 针对女性的医疗惩罚

对医疗行为从这种观点重新进行审视时,我们可以看到例如十九世纪的美国,对不符合当时社会规范并希望过浮华生活,以及不顾家庭的女性并不直接加以社会的惩罚,而是通过医疗行为施加惩罚的令人战栗的事实。而更为冷酷的则有摘除卵巢与切除阴蒂等令人瞠目结舌的行为,很多女性身心两方面都遭到了严重摧残。这里被称为医学的科学知识在与同时代价值规范的协调中失去了其"客观性",从与人类身体直接有关这一点看,已经到了最为激烈并且涂上政治色彩的地步。

对患病胎儿的偏见

从医疗角度支配女性身体实际上并不仅仅只是十九世纪的现象，从某种意义上可以说是随着现代医学的不断细化，对女性的支配方式也越来越趋致密的结果。

现在就进一步认识女性生殖功能作一思考。曾经被视为比较神秘的妊娠、生产、月经以及闭经等一系列有关女性身体变化的特征，现在开始逐渐褪去了它神秘的色彩而显露出它的生理机制。当超声波诊断使胎儿在母体内的活动变得清晰可见时，还并不能说其对胎儿与孕妇的健康是不可或缺的。对胎儿的检查不仅在健康方面，同时还进行是否有身体障碍等方面的检查。对一个即将出生的婴儿来说，就像被警察审视着的医疗行为成了一种制度。

确实，争取女权运动的诉求有过度的政治色彩，有时也会带有片面性。其观点认为医学客观性完全是一种戏言，只是男性支配女性的一种道具，其实是一种极端的理论。话虽这么说，在绝对以男性为中心的环境下开展的医疗活动，如果从性别的观点采取更为慎重的态度并以此作为契机，那么这种诉求也可以认为具有它自身所含有的意义。（金森修）

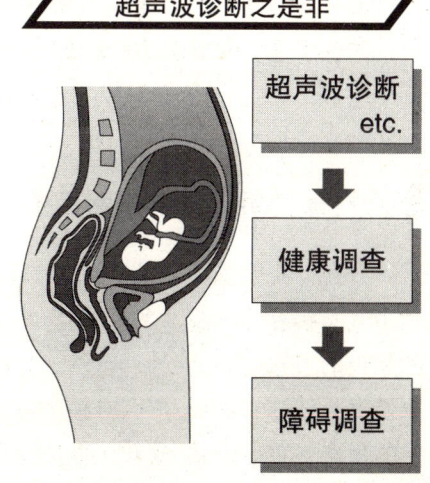

超声波诊断之是非

超声波诊断 etc.
↓
健康调查
↓
障碍调查

附注　女权运动原来是指女性为争取社会的政治权利而开展的运动，最近则开始考虑女性文化的重要性。

◆生态环境与女权运动

对女性的歧视与生态环境保护的关系

由男性主导的对女性的性别歧视是同近代支配自然联系在一起的。

■ 男性支配着自然,并曾经支配着女性

二十世纪七十年代从生态环境保护思想中产生了一种特殊的想法,这就是二十世纪六十年代之后逐渐抬头的难以否定的一种势力,即第二波女权运动与其几乎同时产生的具有国际重要性的生态环境保护观点汇合在一起,形成了通常称之为生态环境保护与争取女权的运动。男性支配着自然并曾经支配着女性,在此影响下,保护生态环境与女权运动者开始频频提出关于形成近代社会核心的科学、家长制、军事体制以及生态学的环境保护观点,并开始从政治角度提出不同意见。二十世纪八十年代初召开了由800名女性参加的集会,并且两次手牵手围绕在五角大楼周边举行了反对不合理军事体制的示威游行。此后,又公开发行了论文集与著作,并在二十世纪九十年代初确立了其在思想界的地位。

■ 女性是否果真具有自然属性

仔细分析生态环境保护与女权运动内部,可以看到实际存在着两个互不相容的潮流。当然,生态环境保护的第一波是强调女性自然属性的思想,主张女性对自然美与对自然本来的存在方式有着比男性更为特殊的感受,所以对破坏自然环境的行为要比男性更为敏感的观点。并且认为:现代工业社会与现代科学将自然视为一成不变的东西,使之成为还原主义的分散的东西,直到中世纪仍然一度存

在的有机的自然观已经破坏殆尽。当我们想起有机的、融和的具有共同感受的自然观的同时，还主张与女性自然观有关的实践。按照这个思路，再往前则可以发现还强调了女性的怀孕、生产以及母性等与生育有关的问题。

生态环境保护与女权运动

这个可以看作是第一并且是主要的潮流，如果进一步从社会学的观点来看，正因为有不平等社会体制的变革，所以才有了以生态环境保护与女权运动为主要任务的第二波潮流。但是，如果要称为生态环境保护与女权运动还缺乏根据，应该是作为社会运动中争取女权的一种完全统一的形式。正如第一波生态环境保护与女权运动潮流那样，将女性生育的特权性以及女性与生俱来的融和性作为"本质主义"的观点，女权运动阵营反而对之有警觉性。事实上，日本在很长一段时期并没有接纳生态环境保护与女权运动的观点，但日本也有其自己的母性论，今后这方面的思想如何进一步展开的确是令人很感兴趣的问题。（金森修）

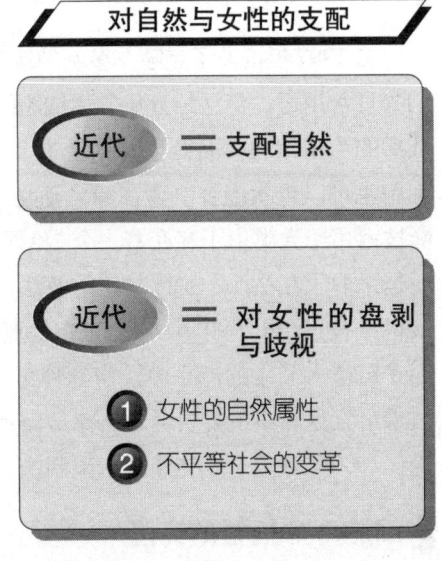

◆克隆问题

人类侵犯了克隆人的人权

对克隆这一现象持偏见的人不在少数,但可能成为一个大问题的是人类侵犯了克隆人的权利。

■ 因克隆羊多利而引起的争论

自1997年报道了克隆羊多利的诞生后,"克隆"一词已经成了人们的日常用语。将已经分化的体细胞的部分细胞核植入被抽取细胞核后的生殖细胞中而诞生的克隆羊多利,证明了即使已经分化的体细胞也可以再次组合一事在哺乳动物身上得到了证实。但是,将克隆技术用于人类由于存在着一个"伦理道德"问题,所以在世界各国还是采取了在法律上加以禁止的做法。其中日本在这方面的工作开展得比较迟,但1999年秋天,东京农业大学还是将人类的整个遗传因子组植入了牛的卵子中。当异种之间融合胚胎进行实验时,科学技术会议克隆小组委员会从法律层面对克隆人作出了明确禁止的结论。2000年底通过了克隆技术限制法。

■ 细胞寿命短暂的克隆

克隆人具有同某个特定人物完全相同的遗传信息,但如果因此而认为从正面来说可以诞生众多爱因斯坦,或从反面来说也因此降生许多希特勒,这种想法近乎于梦幻小说。因为即使遗传信息相同也会因生活环境不同而产生很大的变化,而且与单卵双胞胎不同,克隆人与当事人本人生活的时代也不同,所以很难想象克隆人会与当事人完全一样。再说,染色体末端存在着所谓的端粒序列,端粒随着体细胞的分裂变短且消失后,细胞也会随着死亡。所谓端粒也可以称为可测量细胞寿命的指标。所谓克隆,一般都是在有一定年龄的人群中,譬如上了年纪的人可能会想克隆自己,如果技术上可行,那么从一开始,那个克隆人也仅仅只有短短的端粒而已。

对克隆人的人权侵害

大家一定还记得电影"银翼杀手",影片中出现的克隆杀手虽然与人类完全一样,但寿命仅仅只有几年。所以上了年纪的人即使克隆也只能如克隆杀手那样,仅仅只能存活几年而已。更有甚者将自己的克隆人借助某一个女性的子宫生育,并且将其控制,使之成为一个无脑婴儿,待婴儿出生后再取其脏器替换自己坏死的脏器。仅仅是听着这样的故事,也会令人感到毛骨悚然。总之,与其说是复制伟人抑或狂人,倒不如说人类侵犯了克隆人的人权,因为人类很有可能将克隆人视为介于人与兽之间的人兽怪物。如果克隆了自己则与自己持有相同的遗传因子,那么这个克隆人就是属于我的吗?显然不可能。如果这个不言自明的事实是不可能忘却的,则克隆之类的事情还是放弃比较合适吧。(金森修)

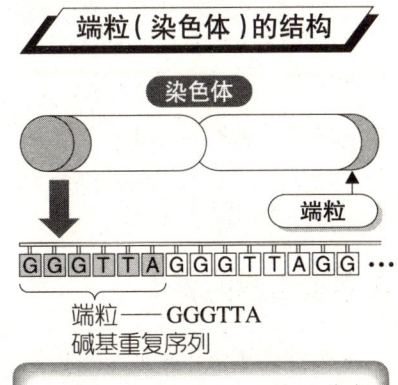

端粒(染色体)的结构

端粒—— GGGTTA 碱基重复序列

所谓端粒(染色体)是位于染色体端部的特殊的碱基序列。拿脊椎动物来说,GGGTTA碱基序列是重复的。重复长度随细胞分裂次数而逐渐减小。如克隆羊多利一样,如果从成人细胞克隆,则最初的碱基序列变短,可以认为寿命由此缩短。

附注 克隆羊多利之后,美国的克隆猴、日本的克隆牛等各种克隆动物纷纷登场。

◆ 人工进化

随着人类对遗传因子的把握，是否会出现人工生命

DNA碱基序列逐渐明了，是否也可以说从此人类可以人工诞生生命？人类是否可以改变自己的身体？

▊ 已经弄清楚遗传因子的排列

经过二十世纪八十年代后半期的胎动期而进入到九十年代才正式开始的人类基因工程，到现在为止已基本确定了碱基序列。人类所具有的遗传信息虽尚未掌握，但DNA的碱基序列形式已经大白于天下，之后所要做的就是从碱基序列中确定重要的遗传因子。假如可以确定与患重病有关的遗传因子，则可从遗传学角度加以治疗了。因遗传因素造成的疾病数以千计，所以可以推测仅仅治疗遗传疾病就会形成一个庞大的产业。

▊ 改变自己的身体

当然还不仅仅如此，无数遗传因子中还存在着多种有关我们人类容貌、发色、身高、体重，以及容易造成肥胖或易患心脏病等遗传因子。所以诸如抑制恶性胆固醇增高、男性如何保持其身高，以及人类社会设定的价值观中所包括的推动正面方向发展的价值观及排除负面方向发展的价值观等等，对这些问题的研究热情肯定会得到进一步激发。

人类原本就有希望改善自己的居住条件和改变周围环境的要求，有对食物和劳动力的需求而将野生动物驯化为家畜的历史，而人工生命却是针对人类自身的一种设计。

人工生命的发展方向

确实,人工生命将以一种优生学的方式介入我们的生活。但我们不应忽视过去也曾有过在优生学名义下许多人被夺去了生命与健康这一事实,这就需要我们人类对这种负面遗产保持一种警惕性。当然,即使是采取了上述优生方式,但也不能由此认为,凭借过去的一些恐怖回忆就可以完全避免优生学发展过程中产生负面影响的一系列问题。人类根据自身价值观磨练与雕琢自己的身体,这种进化要远远快于自然的进化,并成为更为符合人类目标的人工进化。人工生命通过计算机进行的一系列的实验,现在还只是处在依据达尔文主义与阿拉伯数字进行的较为有限的范围内。但是,这种在计算机屏幕上蠕动着的生命形态,也许隐含着的就是不久的将来发生在人类身上不小的改变序曲。(金森修)

克隆技术划时代的事件

1952年	布里格斯与金从蝌蚪体细胞中成功克隆出青蛙。据说这是世界上首次成功克隆出的动物。
1993年	美国乔治·华盛顿大学的斯蒂尔曼等培育出了分割阶段受精卵。
1996年	英国罗斯林研究所研究小组使用体细胞培育了克隆羊多利。世界上首次哺乳类动物体细胞克隆技术获得成功。
1998年	美国夏威夷大学研究小组成功培育出克隆鼠。
1998年	日本石川县畜产综合中心研究小组成功培育出克隆牛。
2000年	生物工程企业PPL Therapeutics公司的克隆猪诞生。

附注 围绕遗传因子解析的竞争,因遗传因子的专利问题而愈演愈烈。虽说仅阐明遗传因子的碱基序列不能取得专利,但如果遗传因子功能可以解释清楚,则可以取得相应的专利。

◆ 共同体

不仅是生，也可共同体验死亡的感受

所谓的"自律性"只是在兼顾四周环境中如何规范自己的行为而已。

■ 人并不是一个人活着

人总是希望按自己的愿望生活，希望接近自己喜欢的而远离自己所厌恶的，其实人的意志源于自己的心中。话虽这么说，但是仔细想来，实际生活并非如此，有时不得不同自己所厌恶的人交往，有时又只能从远处眺望自己所喜欢的。当然，如可能，谁都希望自己能生活在符合自己所好与意愿的社会中。然而即使是那样，也不是个人所能决定的，一部分权力机构（可以说是全部，当然也不想这么说）在试图建立一个能按个人所希望的易于生存的社会系统，所以这已经不是个人的事情。

人在出生后数年之内，总得需要别人的照顾。之后开始自立并基本能按自己所愿生活，最后迎来离开人世的那一瞬间。但要重复说的就是既然生活在某个群体中，则不可能是纯粹一个人的生活。所谓自律性的价值或者权利，事实上都只是在兼顾四周的环境中如何规范自己的行为而已。

■ 死亡也是共同的体验

人类在很长一段时期内虽说是与家人共同生活在一起，但最终死亡时总是一个人，以往持有这种哲学观点的人不少，但事实是否如此呢。的确，身体随着人的死亡停止运动，并即付之火葬。但是，在大部分的情况下，我们是同关系亲密的家人与朋友生活在一起，人在临死前其实是在与家人和朋友的嘱托、关心以及哀伤等感情交流中离去的。

当然,人生并不都是"好事"。令人痛苦的、使人腻烦的事情不会少,但是正因为有了这些繁琐的、看来是凌乱的生活,才体现了相互间深切的亲情关系。正因为是身边亲人,所以当感到痛苦或口渴时会告诉亲人自己的感受,而正是因为是身边的亲人,所以会给自己无微不至的照顾。当病人面临最后一刻时,人们会回想起病人同病魔所作的斗争、病人年轻时的笑容、大家聚在一起时的笑谈甚至吵架等共同的经历。斯人的离去成了人们生活的一部分,并多多少少地改变着自己,因为他们体验着"失去亲人"的特殊感受。死亡并不只是逝者之事,它留给生者的是伴随他们人生的痛苦体验。即使对非亲非故的人来说,死亡也往往会使他们原本疏远的关系变得亲近起来。死亡是共同的体验,是一种引起共鸣与共振的体验。(金森修)

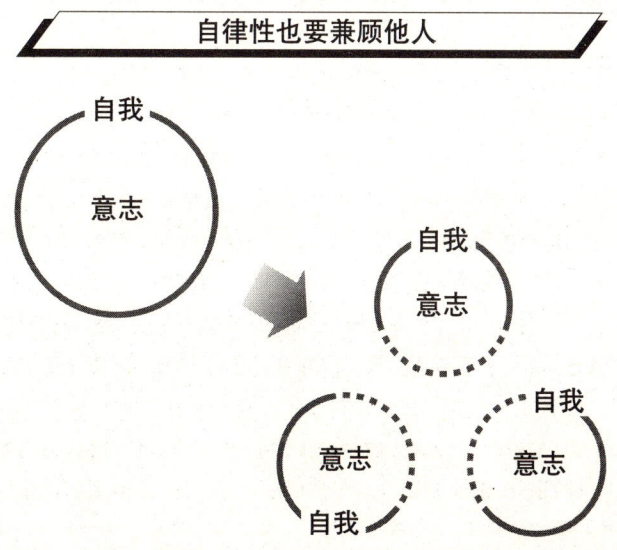

自律性也要兼顾他人

论 坛
趣味哲学拾零

"哲学"的意义

哲学是有关热爱智慧的学问

"哲学"一词原本的含义究竟是什么呢？希腊语中有"philosophia"一词，由"philos"＝爱与"sophia"＝智慧的组合而成，即热爱智慧的学问。由此上溯到140年前，即1861年（文久元年）明治时期的启蒙思想家津田真道（1829—1903）所著《性理论》（介绍西方哲学的读本）中，就有用红字标出的引自津田的终身好友、同为启蒙思想家的西周（1829—1897）的跋文。其中的"philosophy"，即带有注音假名"希哲学"的，就是日本最早的"哲学"一词的译语。

西周是一个名为作津和野的藩主医生的儿子，在出走江户脱离藩籍后开始学习西方学术。与津田一起在幕府藩书调所（西学研究所）帮助教学，之后又被容许前往荷兰留学。从1863年（文久三年）开始连续两年就读于荷兰的莱登大学，学习语言、法学以及经济等。

译文的苦心推敲

西周回国后所著以统一学问为目的的《百一新论》以及《百学连环》（未出版），其中都可以见到诸如"哲学"抑或"希哲学"那样的记载。而哲学家则以"希贤"示之。这似乎来自宋代周茂叔所著《通书》中的"圣希天、贤希圣、士希贤"，即含有普通人寄希望于智者的意思。此外，作为philosophy的直译，西周也曾认可"希贤学"的译法，所以译文中还有"哲学"、"希哲学"以及"希贤学"等的表述。从当时崇尚儒学的角度看，这些翻译有它一定的道理，据说后来因儒学的渗透太甚而作了改动，从而成了现在一般都在使用的"哲学"一词。

此外，西周的《人世三宝说》中曾有这样的译文："绝妙纯然灵智之说"指的乃是康德的"先验（超越论）之纯粹理性"。从这里，可以看出翻译工作的艰辛，而正是因为有了他们艰辛的付出，才有读者所看到的许多耐人寻味的故事。（成田毅）

第6章

哲人的轨迹

思考自我和宇宙世界的哲人

哲学始于古希腊

掌握本章节的几个要点

人类来自何处，世界是如何形成的
这是哲人们不断思考的问题，其历史轨迹大致如下

古希腊哲人

据说哲学源于古希腊。至今仍存在的关于宇宙世界是如何形成的这个问题也是始于这段时期。哲人们首先想要弄清楚的就是关于"构成宇宙世界的本原是什么"这样一个问题。泰勒斯认为"水"为万物之母，阿纳克西米尼认为是"气"，而埃利亚学派则认为是"存在"。在这些哲人中还有赫拉克利特，他认为万物之源是"火"，火相继凝聚化为水、土，如此循环往复，而使宇宙世界保持一种和谐状态的则是宇宙定律。

之后，人类对本原的关注开始转移到人类本身的存在，苏格拉底提出了关于人类灵魂这一后来绵延不断困扰后人的"人是什么"这样一个哲学问题。作为苏格拉底的弟子，柏拉图为了将自己老师提出的问题理论化，开始思考关于"理念"这一有关真理世界的问题。

如何看待上帝的存在？

希腊哲学后来被引入基督教。其他宗教为了保护自己也开始利用哲学理论来武装自己，当不再需要某种理论时又会展开新一轮的探讨。按奥古斯丁的说法，教义完成后，哲学成了解释基督教义的工具。

"哲学是神学的女仆"很好地诠释了这个问题。这个时期，使经院哲学成为一个体系的是托马斯·阿奎那。

文艺复兴时期的哲人

哲学新萌芽的出现是在文艺复兴时期。对批判经院哲学、主张摒弃偏见而被称为哲学新人类的是弗朗西斯·培根,但对哲学进行更为科学、更为严密思考的是笛卡儿。笛卡儿的"我思,故我在"以及心身二元论的观点都极深地影响了后人。另一方面,比笛卡儿更为严密地采取从数学方法提出各种定理的,是斯宾诺莎,他的著名论断就是"上帝的存在"。

德意志观念论

为对抗笛卡儿学说流派,英国自培根之后经历了一个寻求经验论的过程。统一这派学说的代表人物是康德。康德试图将哲学从以往神的哲学转变为人类的哲学,在其著作《纯粹理性批判》中,试图探寻的是"主观框架内的人类可以了解什么"这样一个问题。继承康德哲学,并将其系统化的是费希特。费希特主张理性与行为不可分,认为人类前进的方向是"绝对的自我"。而谢林则认为绝对的自我只能是"绝对",主张"客观与主观是同一的"观点,而黑格尔将"绝对"按辩证法进行了解释。

后德意志观念论

黑格尔之后,则有将黑格尔哲学从形而上学中抽取出来的马克思,有批判性研究唯理论的、也有重视经验主义的观点等等。试图构建现象学的是胡塞尔,产生于黑格尔哲学批判的是尼采与柏格森的"生的哲学"。之后登场的是将哲学从科学角度加以解释的皮尔斯。当然,还有认为现代科学并没有论及真实的波普。

◆ 赫拉克利特（约公元前535—475）

什么是宇宙的本原"万物皆处于流动之中"

世界的本原来自"火"，火相继凝聚化为水、土。

▎哲学始于对世界本原的思考

据说哲学始于古希腊时代，这是遥远的距今2500年以前的事情。宇宙世界究竟是怎样形成的？这个延续至今的朴素问题其实也是哲学的一个大问题，是哲学的出发点。

赫拉克利特之前的时代是从以宙斯为主的神的世界观到更为具体的研究世界本身为目的的时代，主要的争论之点就是世界的"本原"，也就是说，构成世界的本质或原理是什么。大约早于赫拉克利特100年之前的泰勒斯认为，万物之源为"水"。这大概因为水是生命之根源，特别对人类来说，水是不可或缺之物的缘故吧。泰勒斯稍后的是阿那克西米尼，认为万物之源为"气"，万物产生于气的浓厚与淡薄的变化之中，一些物质以某种生命形式存在，并由此构成宇宙世界。

彼时关于世界本原的争论一度甚嚣尘上，生活在意大利西海岸的埃利亚学派认为，万物的本原是"存在"，特别重视根源的不动性，而重视"生存"观点的则是赫拉克利特。不论埃利亚学派是如何强调处在宇宙世界中的不动的存在，但是，世界难道不是处于生成中吗？赫拉克利特尊重的是生成事实，所以他提出了"万物皆处于流动之中"这样一个观点。

▎使宇宙世界保持和谐状态的法则是"宇宙定律"

赫拉克利特认为世界本原是"火"，火生水、水生土，然后再倒过

赫拉克利特

来,即土生水、水生火,世界处于这种循环往复不断的流动之中。世界万物因火势大小而发生各种变化,世界因流动保持一种和谐状态,而"宇宙定律"就是处于循环中的自然法则。当赫拉克利特提出"万物皆处于流动之中"时,就意味着并不存在埃利亚学派所谓的"不动之物"。当然,宇宙世界并不单纯处于不断变化之中,再朝变化方向前进一步,在变化的背后就是"宇宙定律",而"宇宙定律"的出现方式就是变化。对现代人类来说,或许这些还是比较幼稚的观点,但这种简朴的观点正是生活在他们那个时代的人们,按照自己的语言对自己所赖以生存的世界结构所作的描述。这也是希望了解这个世界的欲望所产生的直接结果,而哲学正是从这里诞生。(成田毅)

人物年表

约公元前535年	出生地不明。
?	本应继承的王族地位让给了自己的兄弟。
约公元前475年	去世。根据赫尔米博斯与塞西卡斯人的说法,赫拉克利特是死于浮肿病,但据逍遥学派阿里斯通的说法,赫拉克利特浮肿病愈后又因患上其他疾病而死。

附注 赫拉克利特:希腊哲学家。留存至今的只是他的一些残篇断章。

◆ 苏格拉底（公元前470—399）

以母亲职业命名的问答法——"产婆术"

> 哲学所探讨的中心问题已经从世界本原转移到人类的存在。从与对方的交谈中探索真理。

■ 哲学所要探讨的问题已经从世界本原转移到了人类本身

自赫拉克利特之后，哲学所探讨的问题开始逐渐从世界本原转移到了"人类"本身。自然问题可以从客观上加以把握，但是人类自身的问题却并不能如对待自然问题那样去思考。所以不久，这些人开始倾向于采取相对怀疑的态度。比较有代表性的是普罗泰戈拉的"人是万物的权衡者"，体现了他相对怀疑的态度，即人类并不具有绝对的知识，真理因人而异。

■ 从语言入手探索人类的真理

以与对待自然绝然不同的思维方式来思考关于人类本身问题的是苏格拉底。他以人之所以为人的灵魂（psykhe）作为主要问题，从事实背后存在的普遍真理，即从逻各斯（logos）入手提出了灵魂的存在方式，从这个思维方式中产生了"问答法"。所谓的问答法就是通过与对方交谈、并从交谈中找出矛盾，但不是以此教诲对方，而是让对方自己觉察到矛盾，从而有助于真理的产生。这种方式来自苏格拉底母亲的职业，所以又称之为"产婆术"。苏格拉底以此方法开始往灵魂向善的方向前进。

■ 哲学的出发点——"认识你自己"

苏格拉底有一句名言："认识你自己。"此语源自著名的戴尔波伊神殿柱子上所镌刻的语句,这句名言不仅是人生的格言,而且是哲学史上一个重要的出发点。在了解自己无知的基础上寻求真理的必要性,在自以为已经了解的知识中必有谬误,人类的出发点就是不断地反省自己。譬如对确信无误的问题中包含着某种偏见的醒悟,并以反省的姿态重新出发的笛卡儿,譬如从认识到人类知识有限开始起步的康德等。但不管怎样,对苏格拉底来说,他是最早提出"人是什么?"这一问题的哲学家是毫无疑问的。(成田毅)

苏格拉底

人物年表

公元前470年	出生。父为石匠,母为助产士。
公元前399年	被指控另立新神和蛊惑青年而判处死刑。

附注 苏格拉底被诉负有使青年堕落与失去信仰的责任,被判有罪,饮所赐毒酒自尽。

◆ 柏拉图（公元前427—347）

非物质的、仅是纯粹头脑之中的存在——理念论

苏格拉底的弟子柏拉图提出了"理念"这一纯粹的真理世界。其中，"善"乃为最高理念。

▌现实世界只是假象而已

试图将自己老师苏格拉底的思想观点系统化的是其弟子柏拉图。柏拉图因出身于雅典的名门望族，所以年轻时对政治非常关心，后来看到雅典以及斯巴达等各国为争夺霸权的斗争，自己老师又被判处死刑，所以尝尽了挫折之味的他创建了柏拉图学院，并通过与苏格拉底对话的形式撰写《对话篇》。

柏拉图认为，我们所生活的这个世界处在一个不断生成变化与流动之中，我们的感觉所把握的这个自然世界实际上只不过是一个无常的世界，只有理性地认识"理念"的世界才是真理的世界。柏拉图继分析事实背后存在"理性"含义的苏格拉底之后，提出了"理念"这一观点。现实世界并非是完全无意义的，现实世界虽不完全，但它模仿的是理念的世界，虽只是极小的一部分，但共同支撑着这个理念世界。

▌善举乃最高之理念

这个所谓的"理念"到底是什么呢？柏拉图之前，它具有"图形"的含义。也就是说，在头脑中描绘的三角形是理念，在现实中描绘的三角形则是它的模仿。柏拉图把它向前再推了一步，使之达到永远的、普遍的存在这一高度。例如：在思考关于美的东西时，使美作为美而存在的原理或者完整的典范就是理念，而众多理念中，善举乃是

最高的理念。哲学史上首次出现了并非物质的"纯粹的存在"。

人类可以思考关于与天相接的理念问题

理念问题凭感觉上的认知是无法把握的,只能通过理性认识上的直觉才能掌握。虽说只能通过直觉,但还可以通过"联想"方式把握。人类的灵魂不死,并总是处在一个循环往复、转世再生的过程中,期间可以尽知天上人间之事。当我们生活在地上即活着时,可以突然地经验曾经忘却的与天上世界相接的

柏拉图

人物年表

公元前427年	生于雅典富裕的贵族世家。
公元前399年	苏格拉底死后开始周游四方。
公元前387年	返回雅典并创办柏拉图学院。
公元前367年	受狄翁的邀请访问西西里,尝试指导迪奥尼索斯二世。
公元前347年	去世。

理念。这种联想称为"忆起说"(柏拉图学说之一),是灵魂获得知识的过程。虽然似乎有点类似神话故事,理念还是出现在了各种场合,甚至出现在现代哲学中。(成田毅)

附注 柏拉图所著与苏格拉底对话《申辩篇》、《克里托篇》、《斐多篇》,包括有关对苏格拉底受审与死前的描述。

◆ 亚里士多德（公元前384—322）

在批判柏拉图的同时超越自我

对柏拉图的"理念"持批判态度，并将其称之为理想主义的亚里士多德的理论也是一种超越，形而上学即始于此。

理念存在于个体之中

年轻时曾在柏拉图学院学习过的亚里士多德，其出发点却是对柏拉图理念的批判。众所周知，根据柏拉图所描述的理念是离开个体的超越存在。要想把握这点只能凭直观的认识与联想，但是这种方式还是过于理想化。所以，试图以更现实的方式进行思考的亚里士多德认为，理念（亚里士多德称之为形相）存在于个体之中。根据亚里士多德的观点，"形相（eidos）"使各个体成立，还有一个与之相对的是"质料（urhyle）"即构成物质的材料，这两种东西构成具体的个体。亚里士多德的观点与柏拉图式的远离实际生活的理念不同，在个体中就有形相与质料的存在。

柏拉图以理念为目标，个体向着这个目标迈进，而亚里士多德则认为质料以形相为目标运动，这究竟是怎样一回事呢？拿木材建造房子为例，木材是建造房子的材料，所以木材就是质料，但假如木材没有用于建造房子则木材还是散乱的木材而已。但是当"家"的概念出现时，即将形相作为目标时，则木材的性质就起了变化，从而展开了比柏拉图更为严密的思考。

质料中还有质料，再往里还有

当我们再作进一步的思考就可知道，正如散乱木材之前的阶段是树木那样，在质料之中已经存在形相，再往前则必须经历一个不断地寻求质料的过程。亚里士多德开始注意到这点,于是将此称为第一质料。同时,还得考虑寻求形相中之形相的问题,所以亚里士多德将此称为"上帝的所有物"。这个"上帝的所有物"是形相,虽然不带质料就不作运动,却是所有运动的目标。此外,形相因存在于个体中,所以认为万物之中皆有神在起着某种作用。

从批判柏拉图式理念出发的亚里士多德在思考上帝的问题并对其进行描述时,又与柏拉图一样成了超越现实的理念。

但不管怎样说,亚里士多德的这些思维方式,认为存在作为存在的思考是"形而上学"的始端,这个观点给之后的笛卡儿、培根等以较大的影响。希腊哲学经历了从宇宙本原到人类,再到存在的阶段。(成田毅)

亚里士多德

人物年表

公元前384年	生于北希腊的斯塔吉拉。
公元前367年	就读于柏拉图创办的柏拉图学院。
公元前347年	离开柏拉图学院,前往小亚细亚的阿索斯。
公元前345年	携柏拉图学院学友赫米阿斯侄女前往累斯博斯,并与之结婚。
公元前343年	任马其顿腓力二世之子亚历山大大帝的老师。
公元前335年	创办吕克昂学园。
公元前323年	因雅典反马其顿运动高涨而逃亡加尔西斯。
公元前322年	去世。

附注 亚里士多德的弟子们被称为逍遥学派,据说它来源于亚里士多德与其学生边散步边讲学的缘故。

◆ 奥古斯丁（354—430）

从哲学到信仰，所有一切都是上帝所赐

将基督教教义系统化的奥古斯丁创建了从怀疑论到揭示上帝绝对存在的理论。这个理论给中世纪的欧洲以很大的影响。

基督教教义的理论化

耶稣基督死后约200年，尽管基督教开始逐渐渗透到罗马帝国，但时有基督徒受迫害的事件发生。303年之后，戴克里先大帝的统治使基督徒面临横遭迫害的危险，但由于各地群众与政府高官都成了基督教徒，迫害最终未能实施。后来，由于改信基督教的君士坦丁大帝成为罗马的统治者，基督教取得了公认宗教的地位。在这个潮流中，基督教为了保护自己的发展，开始利用哲学从理论上武装自己，但从今天已经成为公认的宗教来看，其实正在从排除内部异端的方向发展，排除受到希腊哲学影响的异端其实也可以说就是排除哲学。话虽然

奥古斯丁

人物年表

公元354年	生于努米底亚（今阿尔及利亚）的塔加斯特。
公元383年	出走罗马。
公元386年	与儿子一起接受圣安普罗修斯的洗礼。
公元388年	返回故乡，与友人一起开始修道生活。
公元391年	任希波大主教。
公元396年	严厉抨击异教徒。
公元400年	发表《告白》。
公元411年	迦太基的宗教会议终结了历尽百年的争论问题。
公元412—427年	主要著作之一《上帝之城》。
公元430年	去世。

这么说，基督教统一的教义还是没有形成，争论照旧继续，而当时将教义理论化的就是奥古斯丁。

▌存在是永恒的真理

奥古斯丁的哲学观点始于怀疑一切，认为结论产生于对事物的不断怀疑之中，即使被蒙蔽，处于对事物持怀疑状态的自己是存在的。这种对一切事物持怀疑的态度其实也是后世笛卡儿的出发点，但这里要强调的是奥古斯丁的出发点是以信仰为前提的。我存在，存在本身以及知道自己的存在等这些关乎存在的一切是永恒的真理，这一切都是在上帝的庇护之下，上帝的光芒普照大地，人类的一切都是上帝的恩赐，是上帝拯救了人类。

▌上帝是圣父、圣子、圣灵三位一体的存在

在这个处于绝对地位的上帝面前，人类必须知道自己一无所知。上帝并不是人类可以通过知识来理解的，对上帝的理解是一种启示，因启示而现的上帝具有三种身份，并以此来拯救人类。这三种身份是圣父、圣子、圣灵三位一体的存在。"信仰"上帝所启示的真理，爱上帝、希求上帝的约束。教会信仰的确立给中世纪的欧洲以决定性的影响，希腊时代关心的是永恒不变的东西，并以此进入绝对以上帝为信仰的时代。（成田毅）

◆ 托马斯·阿奎那（1225—1274）

哲学只是解释基督教义的工具

托马斯·阿奎那使经院哲学系统化，并统一了哲学与神学。

▌哲学是神学的女仆

基督教成为公认宗教后，由奥古斯丁完成了教义。之后的基督教作为一种学说已臻于完备，开始肩负诠释世界一切事物的使命。这就是中世纪的天主教神学，即所谓的"经院哲学"。但是，哲学只不过是使天主教更趋完备的工具，是"神学的女仆"，主教势力之大使哲学不得不甘居其位。

▌经院哲学的统一与系统化

在这种情况下，试图将经院哲学系统化的托马斯·阿奎那首先将上帝与被造物区分开来，然后再使之相互协调。即把上帝的世界（基督教）与我们人类居住的世俗世界区别后再加以统一而达到使之系统化的目的。上帝的世界只能通过启示、通过教会、基于信仰才能把握，这是神的领域。另一方面，在世俗世界中人类通过理性认识真理，亦即属于哲学的范畴。

托马斯·阿奎那当时利用的是重新受到评估的亚里士多德的逻辑学。首先是我们居住的世界是由质料与形相构成的。所谓的"质料"，是各个体的个性化原理，表示的是绝对的"他"，形相的含义是各个体相通的普遍的原理，是绝对的"同一"。这些不同的性质组合在一起就构成世界，而创造这个世界的是上帝。

神学与哲学的统一是信仰与知识的一致

亚里士多德通过不断探索形相中之形相，依据经验，并从事实出发不断探寻原因中之原因，所以能达到神的境界。但是，经院哲学的观点是：作为宇宙万物的创造者——上帝从一开始就已经存在，从这点看两者之间还是有所不同。尽管这么说，但是通过理性（知识）虽然能论证上帝的存在，但是这里有一个问题需要解释清楚。凭借理性，我们已经认识上帝＝真理，另一方面，仅凭理性还不能解释清楚，因为存在着作为神学基本的启示是认识上帝的事实。这里，对上帝的认识可以看出存在着微妙的不一致的地方。

托马斯·阿奎那之后，经院哲学试图使哲学研究更趋严密，但因使用了抽象的三段论方式，使这些研究变得索然无味。（成田毅）

托马斯·阿奎那

人物年表

1225年	生于意大利的洛卡塞卡。
1244年	不顾家人的反对加入了多明各会，师从阿尔贝特斯·马格努斯，开始学习哲学与神学。
1252年	在巴黎谋得教师一职。
1258年	受罗马教皇的邀请，赴安阿妮、奥尔维托以及罗马等地专心从事教育事业。
1259年	撰写关于自然宗教原理的《反异教大全》。
1266—1273年	撰写《神学大全》，未完稿。
1274年	受教皇格列戈里十世的邀请，在赴里昂参加第二届里昂公会途中病倒，死于福萨诺瓦修道院。
1323年	被罗马教廷封为圣者。

附注 经院哲学即使对一些琐碎的问题也要进行无休止的论证，所以又被称为"繁琐哲学"。

◆ 弗朗西斯·培根（1561—1626）

摒弃偏见，从神学中脱颖而出

> 文艺复兴时代的哲学研究开始出现新的萌芽。培根否定了空虚的经院哲学，强调必须摒弃"假想(idola)"。

■ 哲学新人类？弗朗西斯·培根

神学世界观开始被蒙上一层阴影，人类历史迎来了古典文艺的复兴以及随之而来的社会变革时期——文艺复兴时代。因为造纸印刷物的出现，知识得到了快速的普及；另一方面，指南针的改进则拉开了大航海的序幕。然后，地球是圆的这一事实摆在了人类面前。综观历史，文艺复兴其实也是技术与科技的时代。

大量地吸收了这些新事物的人们中间，就有弗朗西斯·培根，他首先从批判经院哲学着手。人类的内心深处总会有一种"假想(idola)"的存在，并且很容易被其左右，从而陷入经院哲学式空虚的三段论。弗朗西斯·培根主张人类必须摒弃这种偏见。

■ 视点的转换，从"抽象"到"经验"

弗朗西斯·培根所谓的"四个假想"说：首先是"种族假想"，这是人类比较普遍的一个问题，即人类的妄自尊大感。其次是"洞穴假想"，这是比喻从洞穴这种狭小的空间来观察世界。还有就是"市场假想"，是指语言作为一种交流工具的不完善性。最后是"剧场假想"即迷信权威与传统。这些话对人类确实是一种比较大的冲击。

弗朗西斯·培根认为人类必须摒弃这些假想，通过观察与实践不断地去探索自然规律。从这里，可以看到传统抽象的思维方式开始转变为观察与实践、即重视"经验"的思维方式。人类可以从这里感受到文艺复兴的气息。

人类知识可以征服自然

弗朗西斯·培根认为,人类由经验而获得学问,其目的就是用来征服自然,使生活变得更加美好。他提出的"知识就是力量"这一观点,包含着人类的知识具有征服自然力量的含义。这似乎也是英国殖民地帝国前夜时代的学术态度。其主要著作《新工具》批判了被经院哲学所利用的亚里士多德的逻辑学研究,据说因为是打出了树立新学问方式的旗号,所以起名为"新工具"。(成田毅)

弗朗西斯·培根

人物年表

1561年	生于英国伦敦,是政治家萨尼古拉斯·培根的第二个儿子。
1573年	就读于剑桥大学。
1576年	留学法国,进入法学院学习。
1582年	成为律师。
1584年	任众议院议员
1591年	任埃塞克斯伯爵的顾问。
1597年	《随笔》出版。
1603年	被授予骑士爵位。
1604年	任王室辩护律师。
1605年	发表《学术的进展》。
1607年	出任检察长。
1613年	出任检察总长。
1616年	出任枢密院顾问。
1617年	出任国玺尚书。
1618年	出任大法官,被授予贝拉鲁姆男爵爵位。
1620年	发表《新工具》。
1621年	被授予圣奥罗邦斯子爵爵位。之后因渎职罪被逐出政界与司法界。
1623年	发表《科学的威严与进步》。
1626年	身负巨债离世。

附注 所谓经验主义是指:人类的认识全部来源于经验。

◆ 勒内·笛卡儿（1596—1650）

我思想所以证明我存在："我思，故我在"

与培根相同，笛卡儿的出发点也是怀疑一切。在怀疑一切中确信自我的存在。心身二元论由此而生。

■ 我思想，所以证明我存在

在中世纪世界观崩溃后的文艺复兴时代，如培根那样的新时代人物开始登上舞台，而其中对各种问题进行更为严密、更为科学的思考的是勒内·笛卡儿。正如培根是从摒弃幻想与偏见为出发点那样，笛卡儿也是从日常生活中注意到我们的感觉有时会欺骗我们自己，所以他的出发点就是从自我开始怀疑周围的一切。排除内在的幻想与偏见，在不断怀疑自然与人类感觉的过程中，他终于有了这样一个结论，即"我思，故我在"。世上一切皆可怀疑，自身的怀疑是一个事实，思想中我的存在是不容怀疑的。

"我思，故我在"——这是思维（即思考）＝精神之存在，也可以说是自我发现。这种自我反省态度的出发点，与"认识你自己"为哲学研究出发点的苏格拉底，以及强调我之存在的奥古斯丁也有共同之处。"我思，故我在"并不仅仅是停留在确信这一阶段，笛卡儿认为理论上明晰可靠的事实必须是可证的，从这里导出了明晰且可靠的事实都是真实的观点。将构成人类的精神与物质（肉体）区分开来，作为精神属性的是思维，而作为形态的是意志与判断。另一方面，物体属性的广延（空间的扩大），形态上表现为位置及运动，世界处于一种有机的变化之中。从这种相互之间独立事物的思考中产生了二元论，或者称之为心身二元论。

苦心维持近乎解体的二元论

说精神与物质之间是相互完全独立的,但在审视人类本身时却发现相互之间处于一种联动的关系之中。对于这个问题,笛卡儿认为是大脑的松果体(现在据说是起到分泌抑制性腺荷尔蒙的作用)连接着精神与物质,实际上,这时二元论已经处于近乎解体的状态。此外,精神与物质是会消亡的,作为有限实体,笛卡儿将无限实体视为"上帝"。当然,与中世纪所谓绝对的上帝不同,这里是因为理论上的需要才有上帝的出场,所以从这里也可以看出笛卡儿的苦心。笛卡儿之后,科学的研究态度特别是科学中最为可靠的从数学角度观察的自然观,思维即理性认识成了科学的基础,但不久又成了束缚后世科学发展的观点。(成田毅)

勒内·笛卡儿

人物年表

1596年	出身于法国图赖讷州的一个贵族家庭。
1606年	就读拉·夫赖士学校,后进入普瓦捷大学学习法律。
1618年	前往荷兰加入军队。与伊萨克·贝克曼相识,开始从数学角度研究自然学。
1619年	前往德国在法尔茨战争中加入军队,在梦中发现有关学问的惊人构思。
1620年	退伍后周游了法国、意大利以及北欧等国。
1629年	迁居荷兰,开始专心研究哲学。
1637年	《方法谈》出版。
1641年	《沉思集》出版。
1644年	《哲学原理》出版。
1649年	《论心灵的各种情感》出版。受克里斯蒂娜女王的邀请,移居瑞典。
1650年	病逝于斯德哥尔摩。

附注 唯理论是以笛卡儿为首的法国以及德国哲学家们所提倡的观点,而经验主义是洛克等英国哲学家们的观点。

◆ 巴鲁赫·德·斯宾诺莎（1632—1677）

即使从数学角度看，也会发现上帝的存在

斯宾诺莎采取了比笛儿尔更为严密的数学方法提出了定理，但他最终还是离不开"上帝存在"的观点。

严密的逻辑——理性的成功之道

大约是受笛卡儿的影响，斯宾诺莎的出发点也是确信"我思，故我在"的观点，但斯宾诺莎采取了比笛卡儿更为严密的数学方式。斯宾诺莎首先从事物定义的设定着手，然后再提出公理，而所谓的公理就是无需论证、不言自明的真实命题。这里，各种定理也就是只以公理与定义导出的命题进入按序论证的阶段。依据斯宾诺莎的说法，正是这种严密的逻辑才是理性的成功之道，基于这种严密的思考从而到达"实体"阶段。斯宾诺莎所谓的实体是指：实体自身只有依据自身才能理解，也就是上帝。斯宾诺莎的目的是试图弄清人类的向善与完整性，这种对上帝的态度也是现代哲学中一个很大的问题。

上帝无处不在

现在再回到斯宾诺莎。上帝具有创造一切的无限性，换句话说，上帝所创造的一切中都包含着神的原理，这里出现了"上帝即自然"这句话。但是，在过分强调上帝的情况下，"上帝无处不在＝一切皆为上帝"的观点，在基督教盛行的欧洲却反而被作为一种无神论的观点而受到批判。

处在失意之中的斯宾诺莎仍不断地在求索。笛卡儿所谓的实体是上帝、精神与物质，斯宾诺莎则认为精神与物质并不是实体，是上帝无限属性之中的两点，而我们有限之人类具有的知识可知属性，

说到底,其所谓的实体只是上帝而已。那么,无限之上帝是如何产生有限的呢?有限并不直接产生于无限之上帝。这是因为如原因和结果那样,之前一个有限产生现在的有限,之前的有限又产生于再往前的一个有限,但无论有限往前推进多少次也永远到达不了上帝处,因为所有一切归根结底都是上帝创造的,这多少令人有点难以理解。这里也可以看出亚里士多德的上帝和奥古斯丁的上帝以及笛卡儿的上帝之间多少存在一些差异,但都曾以不同形式出现在历史发展的过程中。(成田毅)

巴鲁赫·德·斯宾诺莎

人物年表

1632年	出身于荷兰阿姆斯特丹一个商人的家庭。
1656年	因无神论思想被开除教籍。
1660年	移居莱茵斯堡。
1663年	移居沃尔堡与政治领导人扬·德·维特结为深交。
1670年	移居海牙。
1673年	发表《神学政治论》。
1675年	因不愿失去自由,拒绝了海德堡大学的邀请。《伦理学》发表。
1677年	因患肺病去世。

附注 斯宾诺莎匿名出版了《神学政治论》。但是,这本著作却成了斯宾诺莎的代表作而使其名声在外。

◆ 格特弗里特·威廉·莱布尼茨（1646—1716）

上帝无处不在

莱布尼茨认为有限之中存在着实体＝单子。而将各个单子束在一起的最高之位是上帝。

▌有限之中存在着实体

莱布尼茨与笛卡儿和斯宾诺莎一样，对"实体"究竟为何物也抱着很大的兴趣。斯宾诺莎认为"实体"是具有无限属性的上帝。但是，无限之中究竟如何产生有限仍存在一些难以理解的问题，所以莱布尼茨认为，有限之中存在"实体"，这个实体被称为"单子"。所谓"单子"就是指：不可再分割的、最单纯且具有活动能力的、构成一切的要素。但是，这又与我们所说的原子有所不同，它不是物质，可以说是不占有空间的最微小的东西。

▌最高的单子是上帝

当莱布尼茨说"单子没有窗户"时，它包含着单子是独立的、相互之间没有互动和干扰的含义。因为具有活动的力量，单子孕育着的是自生、欲求、对过去的回忆以及未来的预兆等，单子是宇宙所有一切的表象（描述）。莱布尼茨认为这种欲求与表象就是作为实体的单子之所以能成立的条件。如果假定单子都按这种形态各自存在，那么世界不就处于一种散乱无序的状态了吗？但是，莱布尼茨的回答是"不"。因为存在着最高的单子，这个单子就是宇宙世界的创造者"上帝"。他认为上帝在开初就将彼此独立，但处于和谐的世界保持在这样一种状态，这就是"预定和谐"。从这一点看，所谓单子这种思维方式也与柏拉图的理念相似，也与认为有限中的超越，即上

理性认识的局限性

笛卡儿与斯宾诺莎采取严密的科学态度,特别是信奉理性的态度,被称为是唯理论,而莱布尼茨也是属于这个时代的人物。但是,莱布尼茨把真理分为永恒的真理,如 $1+1=2$ 那样理性的真理与根据经验获得的现实的真理加以区别,并且认为是上帝把这两种真理统一在了一起,但当他作这种表述时,其实也表明了人类理性认识中也有其局限性。(成田毅)

格特弗里特·威廉·莱布尼茨

人物年表

1646年	生于德国的莱比锡,父亲是哲学教授。
1661年	在莱比锡大学学习法律与哲学。
1666年	进入阿尔特道夫大学学习。
1667年	在阿尔特道夫大学获得法学博士学位。
1672—1676年	作为美因茨选帝侯的外交使节赴巴黎。
1673年	被推荐为英国皇家学会会员。
1676年	从巴黎归国途中遇斯宾诺莎。
1684年	撰写有关微积分学论文。
1700年	被选为法国科学学士院外籍会员。创立科学院任第一任院长。
1710年	发表《神正论》。
1714年	撰写《单子论》。
1716年	未得到正确的评价,几乎所有的研究成果都没得到发表就离开了人世。

附注 多元论中恩培多克勒所主张的"水气火土"的四根说,莱布尼茨所主张的单子论也是其中之一,但如从预定和谐角度考虑,其观点还是比较接近一元论。

◆伊曼努尔·康德（1724—1804）

从神的哲学到人类哲学的转化

康德认为物不是对象，物由人类主观构成。从这里可以看出由上帝的哲学开始转为关注人类视线的哲学。

▌物仅是人类的精神表象

迄今大家都已知道笛卡儿、斯宾诺莎以及莱布尼茨的理性认识（唯理论），另一方面，以英国为首，自培根以后，经历了一个通过经验认知（经验论）的过程。把这两种学术流派统一在一起的是康德。

康德也是从理性认识这一观点出发，但是对唯理论却持批判的态度。与笛卡儿等把物视为直接对象的观点不同，康德认为物并不是物自身，物只是人类内在的一种表象，即对象与物是人类主观的产物。认识虽从经验开始，但不仅如此。从经验而现的"现象"世界是可以认识的角度而言，超越经验的"上帝"或"物自身"并不能通过理性来加以认识。哲学从这里开始由关注上帝转向了人类自身。

▌在主观这一框架中进行更为严密的思考

"物自身"可以说是一种不可对象化的对象，通常，我们人类的主观是对通过感觉所给予的内容进行综合后把握现象的，而产生这种现象的是物自身，它在现象的背后或隐或显，虽不可认识，但可以加以描述，借用康德的话来说，只能在"触发"时段才可加以描述。康德所著《纯粹理性批判》中所描述的思维方式如上所述，归纳起来说，就是在主观这一框架中，我们人类可以掌握的知识是什么这一主题，表现出理性认识上的局限性。此外，关于"物自身"，则认为与理性认识不同的其他思维方式是《实践理性批判》。综合《纯粹理性批

判》与《实践理性批判》这两本书的,是《判断力批判》,所讲述的内容都是关于在主观框架内进行严密思考的方式。(成田毅)

伊曼努尔·康德

人物年表

1724年	出生于德国的哥尼斯堡。
1740年	进入哥尼斯堡大学学习。
1746年	从哥尼斯堡大学毕业。
1755年	先于拉普拉斯匿名发表了论述星云说的《自然通史与天体理论》。
1763年	发表《证明上帝存在之唯一可能的依据》。
1770年	任哥尼斯堡大学伦理学与形而上学教授。
1781年	发表《纯粹理性批判》。
1783年	发表《哲学序论》。
1788年	发表《实践理性批判》。
1790年	发表《判断力批判》。
1795年	发表《道德形而上学探本》。
1796年	因年老从大学引退。
1804年	去世。

附注　康德:德国哲学家。所著《纯粹理性批判》是古典哲学名著。

◆ 约翰·格特利布·费希特（1762—1814）

只有自我才是唯一绝对的原理

以康德哲学为基础而建立起新体系的费希特认为理性与行为（实践之理性）不可分。

▌理性与行为不可分

弥补康德哲学的缺陷，从而建立起新体系的是费希特。根据康德的说法，只有经验所呈现的现象才是可认识的，物自身依据理性不可认识的观点体现了理性的局限性，认为通过道德意识（实践理性）可以把握物自身。费希特则认为：康德的理性与实践理性只是一种区分，这是因为我们可以从人类日常生活中"边思考边行动"这一事实知道理性与实践理性是不可分的。

费希特以康德所说理性为对象，把被动式称为"理论上的自我"，把以实践理性为对象的能动式称为"实践上的自我"，认为没有实践上的自我则理论上的自我无法成立。费希特首先考虑的是实践上的自我，所谓的自我对费希特来说是唯一绝对的，是意识到自己所思考以及行动的"自我意识"。与康德的客观对象是完全不可认识的观点相对，费希特的自我是主观与客观的组合，从这点可以看出自我已经包含在认识对象内。

▌人类在不断地向着不可知对象前进

那么，这个自我是否可知一切呢？很遗憾，现实并非如此，我们人类经常会遇到许多不可知的现象与问题。费希特把这种有限的人类自我称为"有限的自我"，而挡在我们人类面前的就是不可知对象的"非我"。这个非我超越了人类，并且还在不断地前行。那么,这个非我在朝哪个方向前进呢?按照费希特的说法是朝着"绝对自我"前进,是超越个人的无限,是如同非我般的没有障碍的自我。但是,向着绝对自我前进恐怕永远无法到达绝对自我的阶段。尽管如此,继续前进是一种理想,也是费希特的逻辑观点。

反映殖民地繁荣的思想

当时的欧洲曾经因对殖民地的统治而繁荣,但德国还处在相对落后的阶段。之后,在从专制君主制向人民共和制的转变中,由拿破仑发起的法国革命是一个激扬德国人民传统意志的时代。所谓的自我正是反映这个时代的自我意识。(成田毅)

约翰·格特利布·费希特

人物年表

1762年	出生于德国萨克森州一个名为拉梅诺的偏僻乡村。
1780年	进入耶拿大学神学系。
1791年	赴哥尼斯堡访问康德。
1792年	《一切启示的批判》出版,开始出名。
1793年	与约哈娜结婚。
1794年	担任耶拿大学哲学教授。
1798年	发表关于信仰与道德方面的论文,掀起了一场无神论之争。
1799年	在与魏玛政府之间进行的一场关于无神论的争论中败北,离开耶拿。
1805年	任埃郎根大学教授。
1807—1808年	发表《对德意志民族的演讲》,呼吁民众奋起抵抗拿破仑。
1810年	出任柏林大学第一任校长。
1814年	因感染了妻子在作为护士参与德国独立战争中染上的伤寒而亡。

附注 费希特在所著《对德意志民族的演讲》中,呼吁人民起来反抗拿破仑。

◆ 弗里德里希·威廉·约瑟夫·谢林（1775—1854）

自然中也有哲学：自然哲学的创立

谢林认为费希特所谓的绝对自我是不受任何约束而存在的"绝对"，自然哲学即始于此。

最终的存在"绝对"

费希特所提出的绝对自我是无限超越的自我，是没有任何障碍的自我，是所有一切的存在。谢林把这称为"绝对"，认为这是不受任何约束的自我的存在。费希特对康德的只是把理性（纯粹理性）与实践理性加以简单的区分，并将其并列的观点进行了批判，且由此创建了一种新体系。在这个过程中，自我（有限的自我）与非我被加以区分并被置于并列的位置上。费希特即使认为自我与非我并非相互独立，但因有了自我，所以非我是可以想象的话，则并列位置关系应该是不可否定的，谢林对此颇为关注。

主观与客观是一个实体

如果绝对的自我就是绝对，那么，不仅自我，非我的根源也有着绝对。自我与非我、物质与意识（精神）以及主观与客观之区别，不应该是两个，而应该是一个实体，并且其根源就是绝对。谢林的这些观点之所以被称为"同一哲学"，就是因为这些因素的存在，也因此可以说所有的根源都存在着绝对。

自然中也有精神存在

康德的哲学尝试是理性的主观，费希特哲学观点是主观—客观，与之相对应，谢林的观点是宇宙万物的根源皆有绝对的存在。从这

弗里德里希·威廉·约瑟夫·谢林

点出发,谢林并不像康德以及费希特那样只是限定在精神哲学范畴内,认为自然哲学也同样可以成立,即认为自然中也存在精神。但是,从这些绝对中到底是如何产生有限的呢?斯宾诺莎苦于无法回答无限中如何产生有限这个问题,斯宾诺莎之后的莱布尼茨则认为有限中存在着单子。谢林之后的黑格尔也同样努力试图解开这个问题。(成田毅)

人物年表

1775年	出生于德国的莱昂贝格。
1790年	进入杜宾根大学神学系学习。
1796—1797年	在耶拿大学旁听费希特讲课。
1798年	因歌德介绍出任耶拿大学副教授。
1800年	发表《先验唯心主义体系》,提出了以浪漫哲学为基础的美的概念。
1801年	主张同一哲学的观点。
1803年	与施勒格尔之妻相恋,结婚。离开耶拿大学前往维尔茨大学任教。
1806年	任慕尼黑皇家学院院长。
1820年	任埃朗根大学教授。
1827年	任慕尼黑大学教授。
1841年	任柏林大学教授。
1854年	去世。

附注 谢林曾受康德与费希特很大影响。

◆ 格奥尔格·威廉·弗里德里希·黑格尔（1770—1831）

被普遍提升的人类理性

> 所谓的绝对是指：包括有限以及无限等所有对立物的存在。黑格尔利用辩证法对绝对作了解释。

绝对是精神

谢林所谓的绝对存在于宇宙万物的根底，这里有限与无限以分离与对立的形态存在。因此，提出了从无限的绝对中如何产生有限这样一个问题。为了解决这个问题，黑格尔被迫需要重新思考关于绝对的定义。黑格尔的观点并不像谢林那样将有限与无限对立起来，黑格尔认为所谓的绝对内部包含着所有的对立物与所有的一切。因此，有限并不产生于无限，但并不是简单的收集，而是处于一种变化中孕育着有限的过程。根据这个变化，自我保持着这种同一性，换句话说，就是在有限内展开自我，黑格尔把绝对称为"绝对精神"。

利用辩证法进行解释

那么这种展开方式是什么呢？黑格尔采取了辩证法进行解释。第一阶段首先是认可，第二阶段是认识与之相矛盾的对立，第三阶段是前两个阶段的综合，并由此获得一个正确的观点。也就是说，处于某种状态内部的有限变化是作为对立的形式出现的，将两者综合起来形成一个新的自我展开。并且因为是内部不断变化的有限，所以新观点也将处于一种变化与发展之中。

处于历史过程中的理性

这里有一种与以往不同的动向，即可以看到历史性的意识。所谓历史就是指这样的辩证发展,借用黑格尔的话来说,历史就是精神的自我展开(实现自我)。也就是说,绝对是自我的展开,所以也是一种理念。正是现在的生存瞬间才是经常能更好地展开理性的瞬间,所以可以得出"理性的就是现实的,现实的就是理性的"这样一个结论。自文艺复兴以来,作为人类的认识能力是围绕理性这个中心问题展开的,但到了这里,理性被提到了普遍的、绝对精神的高度。(成田毅)

格奥尔格·威廉·弗里德里希·黑格尔

人物年表

1770年	生于德国的斯图加特。
1788年	进入杜宾根大学神学系学习,与谢林等为同窗学友。
1793年	从杜宾根大学毕业。
1793—1800年	在伯尔尼等地从事家庭教师工作。
1801年	任耶拿大学讲师,与谢林合作编辑出版了杂志《哲学评论》。
1807年	《精神现象学》出版。
1808年	在纽伦堡当中学(高中)校长。
1812—1816年	撰写《逻辑学》。
1816年	任海德堡大学教授。
1817年	《哲学全书》出版。
1818年	任柏林大学教授。
1821年	《法哲学原理》出版。
1830年	出任柏林大学校长。
1831年	死于霍乱。

附注 黑格尔曾与谢林合作编写杂志《哲学评论》。

◆ 卡尔·马克思（1818—1883）

世界因阶级斗争而存在

生活在产业革命后的人性丧失时代的马克思，站在物质先于精神（唯物史观）的立场上，提出了劳动解放人类的观点。

黑格尔左派

黑格尔之后的哲学家们试图从黑格尔哲学中提取形而上学，即重视由经验获知的事实，从而出现了实证主义的倾向。其中就有作为激进派的、被称为黑格尔左派的团体，并由此推动了唯物论的发展。这一派的观点认为本原是物质而非精神。马克思与其亲密战友弗里德里希·恩格斯一起从唯物论观点对黑格尔哲学进行了批判性的研究，把唯物论发展为辩证唯物论，站在劳动者的立场上提出了人类解放的问题。马克思虽然认可黑格尔的辩证法，但对黑格尔的存在是意识而非物质的观点进行了批判。

生产力与生产关系是所有一切的基础

人们把从辩证唯物论的角度观察历史的观点称为"唯物史观"。根据马克思的观点，决定历史发展的是经济基础中的生产关系。也就是说，人类的意识并不能决定自我，决定自我意识的是自我的社会存在。

生产关系是基础，这种基础由生产力（劳动者与生产工具）与生产关系（生产资料的所有）构成，所有这些是决定一切的经济基础，而在其之上的是政治、法律、哲学、艺术以及宗教等组成的上层建筑，这就是社会的基本形态。当生产力发展到一定阶段，生产力与生产关系发生矛盾时，新的社会变革来临，这是社会革命，其原动力常常来自生产关系的变革。

人性丧失时代的哲学

人类历史就是一部阶级斗争史,从古代的奴隶制社会到中世纪的农奴制再到近代资本主义社会。马克思所生活的时代是产业革命后忽视人类本身的时代,所以也是一个人性开始丧失的时代。(成田毅)

卡尔·马克思

人物年表

1818年	生于普鲁士莱茵省特利尔的一个律师家庭。
1841年	大学毕业后撰写了论文《德谟克利特的自然哲学与伊壁鸠鲁自然哲学的差别》,获耶拿大学哲学博士学位。
1842—1843年	致力于莱茵省反政府的机关报《莱茵新闻》的创刊工作,并担任主编。后被政府禁止出版。
1843年	与普鲁士贵族的女儿结婚。后因受到压制移居巴黎。创办《德法年鉴》。发表了《黑格尔哲学批判》《论犹太人问题》等。
1844年	与恩格斯成为亲密朋友。
1845年	与恩格斯共同撰写《神圣家族》。
1847年	在布鲁塞尔加入共产主义者同盟,出席伦敦第二届共产主义者同盟大会。
1848年	《共产党宣言》问世。三月革命后在科隆主编《新莱茵新闻》。
1849年	被普鲁士政府驱逐,移居伦敦。着手研究经济学。
1864年	指导成立国际工人协会(第一国际)。
1867年	撰写《资本论》。
1883年	去世。

附注 马克思是"共产主义之父"。在其所著《共产党宣言》中指出:国家是镇压工具,宗教与文化是资产阶级意识形态。

◆ 埃德蒙特·胡塞尔（1859—1938）

不断探索事物本质的现象学

胡塞尔试图创建一个既不肯定也不否定，且没有任何前提的现象学体系。"纯粹意识"就是不断地去探索事物的本质。

世界的存在与人类经验无关

自康德和黑格尔之后，对唯理论的批判研究以及对经验更为重视等方面出现了各种不同的观点。但是，胡塞尔对此并不苟同，他要构建一个独创性的"现象学"体系。这主要是受研究纯粹客观逻辑学的鲍尔扎诺（1781—1848），以及从内在描述经验（描述心理学）并由此确立各种法则的布伦塔诺的影响比较大的缘故。胡塞尔首先是对任何人看来都是常识的思维方式进行了批判研究。通常人们都认为世界的存在与人类的经验无关，是超越一切的存在，其中包括我们的意识。但是胡塞尔认为这只是人们的一种习惯，事实并非如此，对这种超越一切的存在人们应该采取既不肯定也不否定，并且在没有任何前提的条件下进行思考。

对事物本身的分析

所谓"对事物本身的分析"是指：我们应该对事物的本质进行分析与研究，而非事物表象。也就是说，人们凭借直观从事物表面进入本质。同时，胡塞尔还认为，康德的所谓先天意识的外界本质暂且不论（中止判断），我们应该思考的是内在的本质，对内在本质的分析就是现象学上的还原。

不断探索本质的现象学

那么，思考内在本质究竟是依据什么进行的呢？胡塞尔认为是"纯粹意识"。这并非康德的所谓超越个体的东西，而完全是个人的，也就是说，是一种自我体验。因此，纯粹意识所要把握的世界的含义是：并不仅仅是自我本身，还存在着他人的自我，所以与大多数人的主观一起还原（本质还原）之后，纯粹意识才有可能探索事物的本质。不断探索事物本质的现象学对于现代有很大影响。（成田毅）

埃德蒙特·胡塞尔

人物年表

1859年	生于原捷克斯洛伐克的普罗斯尼茨。
1887年	以民间教师身份任教于哈雷大学。
1900年	《逻辑研究》出版。
1901年	任哥廷根大学编外教授。
1906年	任哥廷根大学教授。
1913年	《纯粹现象学及现象的哲学思考》出版。
1916年	任弗莱堡大学教授。
1928年	辞去弗莱堡大学教授职务。
1938年	去世。

◆ 马丁·海德格尔（1889—1976）

对哲学科学化的批判，追求生的存在

海德格尔对形而上学仅把问题局限于"在者"提出了疑问，认为问题在于"在"。对哲学的科学化提出了不同意见。

从"在者"到"在"

胡塞尔的现象学是关于意识的分析，后因其局限性才有了一个新的展开。海德格尔思考的是关于"在"的问题。形而上学迄今的分析仅仅局限在"在者"，并没有涉及"在"的问题，这是海德格尔的出发点。现在对"在"作一个分析。海德格尔观点主要有两点，探索人类的"现在"如何理解"在"（对"在"的分析）与"现在"及世界之间的关系（对现在的分析）。

从人的内在理解"在"

所谓"现在"应该就是人类根本的生存方式。迄今所谓的自我或者意识等，只不过是如包藏在胶囊中的对象，回顾历史可以看到人们试图将"在"合理化，但相反却成了抽象的东西。海德格尔就是站在对过去反省的立场上，试图从人类内在的角度对"在"作出解释。"现在"如何理解"在"？"在"的反面是无＝死，与死作决断的是"现在"。但正是对无＝死的恐惧，所以"在"反而显得更加令人瞩目。人总是要死的，但现在活着，所以"现在"就意味着是一个时间概念，即"在"的含义是时间性的并且已经为"现在"所明确。

对死亡的恐惧与不安而生活在世界上的"在"

"现在"有各种各样的说法，而"在"就是空出余地并将各种说法纳入其中。人类是与其他"在者"共同生活在这个世界上,是在与其他"在者"的交往中而生存的。从这里可以看出"现在"并不是各个个体,而是超越一般的"在"。至于与世界之间的关系则是"在者"以各种"在"的意义而存在(内在),也在上述对无=死的恐惧与不安中生活。海德格尔对生之"在"的看法与分析,也是对当时哲学科学化的批判。(成田毅)

马丁·海德格尔

人物年表

1889年	生于德国的梅斯基尔希。
1915年	任弗莱堡大学讲师。
1923年	任马堡大学教授。
1927年	撰写《存在与时间》,未完稿。
1928年	任弗莱堡大学教授。
1933年	任弗莱堡大学校长。
1976年	去世。

附注 海德格尔:德国哲学家。在弗莱堡大学任职期间因言论有亲纳粹德国倾向,后被勒令停止执教。

◆ 弗里德里希·尼采（1844—1900）

对基督教的批判与超越上帝的存在

尼采否定上帝的存在，并规定了新的"超人"的存在，以求对生之强力意志的向往，试图挽回丧失的人性。

■ 创造一种替代上帝的存在

当对黑格尔哲学的批判处于一种纠缠不清的状态时，一种被称为"生的哲学"的观点在哲学科学化的过程中显露头角。既不是科学的认识又非唯理论的"生的哲学"，随着尼采的出现而进一步明确。尼采首先批判的对象是已经渗透在日常生活中的基督教。有一种说法是：在超越现实的上帝面前，人类是平等的。但是这种观点实际上是弱势群体保护自身的一种方式，换句话说，只不过是弱者的道德观，这里就需要有替代上帝的理想人类"超人"出现。所谓的超人，就是"生"之根源并具备"向往强力意志"的愿望。每个个人都可超越自身，并将目标指向超人。

所谓向往强力意志是指：混沌状态应通过秩序加以整顿，是一种顽强的生命，它不是固定的，常常处于一种流动的状态之中。尼采在《悲剧的诞生》中把所谓混沌状态称为是迪奥尼索斯的混沌，迪奥尼索斯是希腊神话中的感官愉悦之神，意味着充满激情的艺术动力。阿波罗是秩序，也就是一种和谐的艺术冲动。艺术，特别是希腊悲剧就是这两者相互补充而赖以生存的艺术。

■ 解放人类的尝试

在向往强力意志方面，尽管人类在不断地丧失自我，但通过这种丧失再使自身回归存在（永劫回归），即处于一种经常流动、毁灭又再生的，不断充实现在这一瞬间的过程。人类自身的丧失并不能从自我逃脱，而是把这种命运视为自我的爱而加以接受（命运之爱），并以此体现强力意志。

尼采所肯定的是这种理性主义的生。产业革命提升了机械化水平，而人类则因此受到了压抑而成为机械中的一个齿轮。尼采要做的就是这样一种尝试，即把人类从中解放出来。（成田毅）

弗里德里希·尼采

人物年表

1844年	生于德国萨克森州洛肯村一个乡村牧师的家庭。
1849年	父亲去世。
1858—1864年	就读于弗达预科学校。
1864—1867年	就读于波恩大学和莱比锡大学。
1869年	25岁即任巴塞尔大学教授。
1870年	因普法战争从军。
1872年	撰写《悲剧的诞生》。
1873—1876年	撰写《不合时宜的考察》。
1878—1880年	撰写《人性、太人性的》。
1881年	撰写《曙光》。
1882年	撰写《快乐的知识》。
1883年	撰写《查拉图斯特拉如是说》。
1884—1888年	撰写《权力意志》，未完稿。
1887年	撰写《道德系谱学》。
1889年	患精神分裂症。
1900年	去世。

附注 尼采喜欢瓦格纳的歌剧，并认为此即希腊悲剧的继承者。晚年患精神分裂症去世。

◆ 亨利·柏格森（1859—1941）

真实的存在只存在于生命之中

认为人类的精神存在于时间秩序中，肉体存在于空间秩序中。柏格森是二元论者。

对哲学科学化的批判

柏格森也在探索生的哲学。按照柏格森的观点，所谓真实的存在只能是生命，生命处在一个不断持续的创造性的进化之中。哲学主流派切断了这种生命的连续性，就像电影一个镜头接一个镜头那样变成了固定的残篇断章，这恐怕难以理解生命的真实含义。我们应该采取的是现在之存在，即深入到其内部凭直观进行观察。

与笛卡儿二元论相同的观点

柏格森开始这样思考关于精神与肉体（物质）问题。人类精神并非受空间制约，而是在时间秩序中现实的存在，相对精神而言，物质存在于现实的空间秩序中。但是，笛卡儿眼中的人类是如何将这两者结合起来的呢？笛卡儿认为，精神因以往的记忆而成立，肉体（物质）是我们人类所认知的形象。肉体的作用就是从这些记忆的综合体中拾取某种东西，而大脑是这两者的中转点。笛卡儿是将精神与物质明确加以区分的二元论者，柏格森则以物质的存在方式全盘接受。

生命的飞跃

所谓生命现象就是以这种方式进行直接的观察。生命通过其内在的冲动把握进化，并释放出无限的、多样的能量。柏格森把这种现

象称为生命的飞跃（elan vital），凭此直观，人类生命须有一个更高的提升。（成田毅）

亨利·柏格森

人物年表

1859年	生于法国巴黎。
1878—1881年	在巴黎高等师范学校学习哲学。
1896年	撰写《物质与记忆》。
1898年	任巴黎高等师范学校讲师。
1900年	任法兰西学院教授。
1907年	撰写《创造的进化》。
1918年	当选法兰西文学院院士。
1927年	获诺贝尔文学奖。
1932年	撰写《道德与宗教的两个来源》。
1941年	去世。

附注　柏格森：生于巴黎的哲学家。作为一名天才的思想家开创了其独特的理论。

◆ 西格蒙德·弗洛伊德（1856—1939）

梦——超越自我的无意识

心理学家弗洛伊德从治疗过程中发现人类的精神可作意识与无意识之分。弗洛伊德的观点在哲学与文学方面有很大的影响。

■ 从患者治疗过程中进行精神结构的研究

哲学迄今所思考的是关于意识以及超意识的问题，这里出现了从医学角度看尚未意识到的如何理解"无意识"这样一个问题。作为心理学家的弗洛伊德曾留学法国，并在那里学习了关于精神病治疗的课程，回到维也纳后开了诊所开始从事精神病的诊疗。在给患者治疗的过程中，弗洛伊德发现患者的做梦或联想应该与过去的性体验有关，并据此认为精神病的患病原因有其心理方面的外伤，这种心理方面的外伤同患者幼儿期的一些无意识因素有关。也就是说，某种冲动被无意识地压抑着，在患者长大成人后作为一种症状开始显现出来。

■ 不可认知的领域、无意识

首先，弗洛伊德考察的是无意识所处的位置。通常我们所认知的是意识，那么是否可以说除此之外都是无意识呢？当我们思考关于梦境的时候，梦是以与日常不同的方式出现。也就是说，日常所压抑的东西并非原封不动地出现在意识中，而是经过加工后以梦的形式出现。弗洛伊德认为，无意识是完全不可能认知的，其加工的位置应该是潜意识，潜意识如果加以关注，则属于可以意识的领域。并且认为，正是这种拒绝接近意识——潜意识领域的才是无意识的表现。无意识也被称为是一次思考过程，是卷入冲动的场所。意识—潜意识是两次思考过程中语言和理论的场所。这种意识、潜意识、无意识是一种心理结构,弗洛伊德所思考的问题是这种冲动来自何处?

发生在无意识内部的心理活动

弗洛伊德在临床中观察到,即使在无意识内部也发生着防卫冲动现象,所以,他开始寻求冲动产生的原因而提出了超我、自我与本我的概念。所谓超我,是指规定自我的部分"必须如此这般"的无意识部分。本我是更为深层次的一种本能冲动。自我并非是简单的意识,是与超我与本我联系在一起的。弗洛伊德的临床方法被称为精神分析,不仅是现代治疗,在文学与思想界也有很大的影响。(成田毅)

西格蒙德·弗洛伊德

人物年表

1856年	生于原捷克斯洛伐克。
1866年	进入高中学习。
1873年	进入维也纳大学医学系学习。
1881年	取得医学博士学位。
1885年	留学巴黎,师从让·夏克尔。
1886年	开设诊所,开始进行精神科病理方面的治疗与研究。
1887年	与弗里斯交往,开始研究将催眠术应用于治疗。
1895年	《癔病研究》出版(与布洛伊尔合著)。
1900年	《梦的解析》出版。
1906年	与荣格交往。
1915年	在维也纳大学讲授"精神分析入门"。
1916年	《精神分析引论》出版。
1919年	创立国际精神分析出版社。
1935年	皇家医学会名誉会员。
1938年	逃亡伦敦。
1939年	在伦敦去世。

附注 弗洛伊德自身患有严重的精神疾病。弗洛伊德有很多学生,荣格就是其中之一。

◆ 查尔斯·皮尔斯（1839—1914）

人类本是符号

将哲学以科学方法加以认识的皮尔斯认为：人类的思维与语言都已经还原为符号。并且认为人类本身就是符号。

■ 创立实用主义的皮尔斯

皮尔斯生活在一个哲学应以科学方法加以认识的时代。在科学实验中，假说是否成立得以认证。皮尔斯认为概念的分析也可以通过这种方式进行，这是因为概念的内容是从实际结果产生的，这种结果主义被称为实用主义。将知识运用于实际生活的思维方式据说是由皮尔斯所创立。

■ 人类的理解也是应该加以关注的符号

人类通过语言进行思维。皮尔斯提出把思维还原为通过符号所进行的活动，并且把所谓的思维逻辑称为"符号学"。皮尔斯认为，诸如理解、关注等有关意识的范畴是一种推论，只有精神层面才能推导出的结果也是一种符号，精神＝符号。但是，我们人类与语言之间不是存在着差异吗？人类具有意识，但符号并不具有意识。然而在皮尔斯眼中，这种差异只是相对的，意识仅仅是一种感觉。迄今为止，虽说意识统一思维，但所谓统一只是给思维以整合性，而整合只要是代表某种符号，那么就存在于任何一种符号中。

■ 如果没有语言及符号，人类将无法进行思维

符号意味着自身是符号，所以也意味着其整合性，这在语言上也是如此。所以，人类如果不借助语言与符号是无法进行思维的，因此也可以

说"人类＝符号"。意识状态是一种推论的论述前面已经提及,"生"也是一种推论,甚至现在活着这一瞬间也是一种推论。这里,皮尔斯真正推出了他的结论:人类是什么?人类是一种符号。(成田毅)

查尔斯·皮尔斯

人物年表

1839年	生于美国马萨诸塞州的坎布里奇。父亲是数学家、天文学家。
1859年	从哈佛大学毕业。
1861年	就职于美国海岸测量局。
1878年	发表据说是创立实用主义的论文《如何明确我们的概念》。
1879年	任约翰·霍普金斯大学的讲师。
1894年	为了专心一致从事研究工作,辞去了约翰·霍普金斯大学的职务。
1914年	去世。
1931—1958年	8卷版全集出版。

附注 创立符号论基础的有皮尔斯、罗兰、巴鲁多以及翁贝托·艾柯等哲学家。

◆ 伯特兰·罗素（1872—1970）

阿基里斯赶不上乌龟之悖论

有一个悖论就是：跑的最快的阿基里斯永远赶不上跑得最慢的乌龟，罗素通过逻辑推理解决了这个问题。

▎阿基里斯是否永远赶不上乌龟

悖论这个词大概谁都听说过吧？一个比较典型的例子就是阿基里斯与乌龟之间的赛跑。阿基里斯是跑得最快的人，所以阿基里斯的起跑点设在乌龟之后。但是阿基里斯永远也赶不上乌龟，为什么呢？因为阿基里斯为了赶上乌龟，首先必须先到达乌龟的出发点，但当阿基里斯到达乌龟出发点时，乌龟继续在往前跑。于是阿基里斯不得不再赶往乌龟所在的位置。然而，此时乌龟又到了前方某一个位置。所以不管阿基里斯如何赶，乌龟永远处在领先的位置，因而阿基里斯永远也赶不上乌龟。

▎不以自身为元素的集合之悖论

这里有一个关于罗素的悖论。把所有的集合分为两类，即以自身为元素的集合与不以自身为元素的集合。此时，可以看出不以自身为元素的集合的整体变成了一个悖论，也就是说，不以自身为元素的集合所组成的集合成了以自身为元素的集合。我们姑且把不包括以自身为元素的集合所组成的集合设定为A，则"如果是A则为A"，但这里没有包括A以自身为元素的集合，所以这里A成了非A。

▎经过逻辑学阶段整理后的典型理论

解决这个悖论问题的是罗素。简单说来是逻辑阶段性的不同，也就是说这个悖论是一个逻辑上的跳跃。出现在语言上的概念是结构性的，某一阶段的概念只能归属于比它更高一阶段的概念，根据这个观点，前述个体自身即非自身，个体集合之集合亦非其自身、个体的集合。经过这样的调整，逻辑学与数学语言再次构成的悖论就不会再发生了。罗素所关注的是数学如何通过逻辑学成为一种基础。我们在思考问题时使用的是语言，但是，总会碰到一些诸如语言不同所产生的麻烦问题，所以那个时代也是一个作为语言基础的逻辑学以及通过数学思考问题的方式受到关注的时代。（成田毅）

伯特兰·罗素

人物年表

1872年	生于英国威尔士特雷莱克的一个贵族家庭。
1895年	任剑桥大学三一学院特别研究员。
1903年	《数学原理》出版。
1916年	因标榜和平主义，被解除特别研究员职位。
1918年	被投入牢狱六个月。
1920年	任职北京大学。
1927年	与妻子共同创办进步学校。
1931年	继承其兄的伯爵称号。
1938年	前往美国。
1940年	《追求意义与真理》出版。
1944年	返回英国。
1949年	开始从事有关核裁军的活动。
1950年	获诺贝尔文学奖。
1957年	主持召开（核裁军等科学与世界问题的）巴格窝休会议。
1970年	去世。

附注 既是数学家又是哲学家的罗素，从自由党到曾提出参与竞选的政治家，但被拒绝。后与其妻共同创办学校，并从事过各种活动。1950年获诺贝尔文学奖。

◆ 路德维希·维特根斯坦（1889—1951）

曾确信哲学已得到充分的诠释

试图对语言与物之间从逻辑角度进行分析，并弄清其关系的维特根斯坦提出了与这两者相关的命题，并指出了语言方面所存在的局限性。

■ 尝试从逻辑角度解释语言与物之间关系

当我们思考关于语言的问题时有一件事是绕不过去的，那就是语言与物之间的关系。而维特根斯坦就试图对语言与物（世界）从逻辑角度进行分析，并解释两者之间的关系。

我们假设以一个简单的语言作为一个命题："如果是A则为B"。这个命题的单位是元素命题，也是语言基础的问题。维特根斯坦认为，在思考关于构成世界的诸多元素时，这些元素是处在对应于1对1的关系，和语言与世界这两者皆相通的是被称为可以保证对应1对1的"逻辑形式"。

■ 只能提示不可言传

不论何种语言都是真与伪组合的表现，所以只有与语言单位元素命题真伪有关的命题才是有意义的。语言结构与世界结构是共通的，可证的关于逻辑形式命题在这里受到了重视。这里谈及的关于"我"的命题已经毫无意义，在纯粹的逻辑学中只是一种逻辑形式而已。

此外，关于命题的"对象自身"是超越逻辑范畴的观点，集中体现在维特根斯坦所说的"只能提示不可言传"的话中，对围绕康德所谓"物自身"的争论只能保持沉默。维特根斯坦在关于语言和世界关系中指出了语言上的局限性。

这里,维特根斯坦认为哲学已经诠释清楚,但不久他的信心开始动摇。此后他开始对以往的思维作了彻底的批判,并就语言在日常生活中的使用作了分析。(成田毅)

路德维希·维特根斯坦

人物年表

1889年	生于奥地利的维也纳。
1912—1914年	在剑桥大学师从罗素与摩尔研究逻辑。
1920—1928年	从事小学教师、园艺师以及建筑师等工作。
1921年	撰写《逻辑哲学论》。
1929年	任教剑桥大学。
1936—1949年	撰写《哲学研究》。
1938年	入籍英国。
1939年	任剑桥大学教授。
1947年	从剑桥大学退休。
1951年	去世。

> **附注** 维特根斯坦是奥地利人,第一次世界大战时参加了奥地利陆军,1938年入籍英国。

◆ 威拉德·冯·奥曼·奎因（1908—2000）

对逻辑实证主义的批判

奎因对逻辑实证主义进行了激烈的批判，认为把先天知识与感觉经验加以区分是片面的观点。

■ 将先天知识与感觉经验加以区分的逻辑实证主义

人类认识世界有两种方式。其一是先天性的，即如1+1=2那样含义是真实的，如数学与逻辑学，这是分析陈述。其二是经验性知识，即真实的事实，谓之经验科学，这是综合陈述。因两者彼此分开，以往的哲学观点认为事实可以先天认识是胡说，是所谓的思辨形而上学。也有把这种思维方式称为逻辑实证主义，形而上学与科学的区分非常明确。

■ 两种独断方式

奎因激烈地批判了这种观点，并认为他们所进行的分析（先天的）与综合（经验的）的区分是独断(dogma)，其实两者之间并没有明确的分界线，把两者加以区分只是他们自以为是的观点。两者之间只是程度上的差异，实际上是联系在一起的。接下来是关于所有具有意义的命题都可以还原为我们直接经验过的命题，即每一次经验都是有意义的。不能还原为经验的形而上学的解释都是毫无意义的，奎因指出这些也是独断的观点。换句话说，关于外界世界的命题并不是个别的，而是作为组合起来的一个整体再去接受实践检验的命题。

■ 日常语言的组织化

我们的知识是理论与实践联系在一起的，单独的命题并非由语

言与事实决定,而是由经验所规定。每一个有意义的命题并非还原为各自直接经验的命题,经验的命题只能通过与包含其自身在内的体系加以检验。奎因为了描述外部世界,主张进行逻辑学语言的整理,并以此使日常语言标准化。(成田毅)

威拉德·冯·奥曼·奎因

人物年表

1908年	生于美国俄亥俄州。
1940年	《数学逻辑》出版。
1948年	任哈佛大学哲学教授。
1953年	《从逻辑的观点出发》出版。
1960年	《词和对象》出版。
1974年	《指称的根源》出版。
1978年	辞去哈佛大学哲学教授。
1990年	《序列逻辑》出版。
2000年	去世。

附注 奎因受卡尔纳普及维也纳学术团体影响很大。

◆ 阿尔伯特·爱因斯坦（1879—1955）

世界上没有绝对的事物

自牛顿以后，人类都相信时间与空间都是绝对的，但随着爱因斯坦提出自己对时间与空间的看法后，这种观点开始动摇。

▌时间与空间是绝对的吗

谁都知道其名但却难以理解其内容的"相对论"给各个领域都有非常大的影响。通常我们人类所谓的时间与空间是两个不同的概念。自牛顿以来人们普遍认为时间是一定的，空间广度也是一定的，也就是说，时间与空间都是绝对的。但是，爱因斯坦认为时间与空间因对其观察的人不同而不同，也就是说时间与空间是相对的，这是狭义相对论。

▌时间因所观察的人不同而有所不同

举一个例子。备棒一根，在棒的中间安装一个电灯。然后在棒的两端安装上传感器，使处于棒中间的电灯所发出的光亮到达两端，这时，电灯光应该是同时到达棒的两端。但是，如果使棒以一定的速度向右移动，其结果是棒移动方向右侧的传感器要比左侧的传感器晚些时候光亮才能到达。现在再假设人乘坐在棒上，那么结果又会怎样呢？因为是随棒一起移动，所以对坐在棒上的人来说，光亮是以同样的速度到达传感器，从观察者的角度看，时间是相对的。但在日常生活中以一定速度笔直移动的情况非常稀少，所以是属于特殊情况。

▌空间扭曲

另一方面，广义相对论使"特殊"也能适用各种运动（加速运动)。譬如在电梯中间的板壁上安上电灯,打开开关后可以发现光亮是笔直地射在相反方向的板壁上。但是,如果在电梯向下运行时打开开关情况又会怎样呢?从外侧观察,光亮是以一种弧线向下运行。应该是笔直运行的光因重力的关系而使空间被扭曲,光也随之改变运行方向。我们在思考"物"时,是对空间的"物"进行观察,而相对论产生的转换是将空间的扭曲与"物"联系在一起加以思考。(成田毅)

阿尔伯特·爱因斯坦

人物年表

1879年：生于德国。
1900年：毕业于瑞士苏黎世联邦工业大学。
1902年：成为瑞士专利局工程师。
1903年：与米列瓦·马利奇结婚。
1905年：获瑞士国籍。在学术杂志《物理学月报》上发表理论物理学论文。
1911年：任布拉格德意志大学教授。
1912年：任苏黎世联邦工业大学教授。
1914年：任柏林大学教授。威廉皇帝物理研究所所长。再次获德国国籍。
1916年：《广义相对论》出版。
1919年：与米列瓦·马利奇离婚,与艾尔莎结婚。
1921年：获诺贝尔物理学奖。
1931年：《犹太复国主义》发表。
1933年：放弃德国国籍。与弗洛伊德合著《为什么是战争》。
1934年：迁至美国普林斯顿高等研究所工作。
1939年：上书罗斯福总统,告知德国正在制定原子弹制造计划。
1940年：获美国国籍。
1952年：被邀出任以色列总统,拒绝之。
1955年：在普林斯顿医院去世。

附注 获得诺贝尔物理学奖的爱因斯坦,其实在孩提时代是学习音乐的,并且曾经因为希望成为一个小提琴家而拼命练习。

◆ 让·保罗·萨特（1905—1980）

人的一生被自由所束缚

> 萨特认为只有意识的自由才是人类根本的存在方式，而自由就是承担责任。

▎没有意识就没有存在

第二次世界大战所造成的是一个精神颓废的时代，也是直面人类存在意义的时代。萨特就是通过分析物质世界与意识来理解人类存在的意义，他首先将物质世界与意识加以区别。物质世界是"自在的存在"（存在于自身），是存在而非意识。另一方面是精神世界即"自为的存在"，是意识而非存在。所谓自为是指：对自身的认识，而意识则意味着是脱离目的。通过这些区别可以得出一个结论，即当自为出现时、自在以物质世界的形式出现，也就是说，没有意识也就无所谓存在。

▎人类经常处于不安状态中

萨特把自为也看作是一种意识。只有意识自由才是人类存在的基本方式，但反过来说，人类的一生也被自由所束缚。人类经常面临对价值与生存方式做出选择的问题，所以常常处于一种两难的境地。当我们远远地望着他人时，意识的自由会朝向他人的意识自由，使他人客体化、物体化，这里的自由成了过往之人。

▎存在是绝对的自由

人类的自由就是承担责任，认识到现在生存的偶然性，并且必须使存在变得对这个世界有意义。对萨特来说，所谓的存在就是绝

对的自由,是纯粹的意识(自为)。战后,主张(自我约束,参加社会)开始接近共产主义,并给马克思主义以正面评价,也策划了社会运动的萨特,其出发点却是互相矛盾的自在与自为。(成田毅)

让·保罗·萨特

人物年表

1905年	生于法国巴黎。
1907年	父亲去世。
1924年	进入高等师范学校学习。
1931年	在巴黎和外省一些公立学校执教。
1938年	哲学论文《想象》与小说《恶心》发表。
1939年	因第二次世界大战应征入伍。
1940年	被俘。
1943年	《存在与虚无》发表。
1945—1949年	《自由之路》发表。
1945年	月刊《现代》创刊。
1952年	《圣热内》发表。
1954年	在世界和平评议会上发表反核演说。
1960年	戏剧《幽闭者》发表。
1964年	拒绝接受诺贝尔文学奖。
1973年	为日报《革命》的创刊而竭尽全力。
1980年	去世。

附注 萨特在巴黎参加了反法西斯抵抗运动,作为巴黎左岸的主要人物而备受关注。

◆ 莫里斯·梅洛·庞帝（1908—1961）

存在是否已经被诠释清楚

> 庞帝试图要解开的是关于人类存在的意义，是既非物质也非意识的、构成"世界"的存在。

既非物质也非意识的人类存在

庞帝虽与萨特共同创办了杂志，但因政治立场不同，不久分道扬镳。庞帝所思考的是关于什么是生活在这个世界上人类的存在，即"活着的身体"，是既非物质也非意识而是兼具两者的存在，并由此构成这个"世界"。生活在这个世界上的人与人之间的关系并非如萨特所说是互相矛盾的，而是一种互相主观性的关系。我即我，他即他，人类主观上的这种互相性构成了人与人之间的相互关系。

个人语言和社会语言

语言有个人语言行为和社会语言体验，因有个人语言行为从而产生社会语言体验，并且由此演变下去而使"身体"与"世界"不断得到充实。认知经验中预言已介于其中，并可对个人语言行为与社会语言体验之间的相互关系作出说明。庞帝晚年开始涉足海德格尔所研究的领域，即由感觉与被感觉组成的"存在"问题，这是一个涉及人突然死亡即停止思索的问题。但关于"存在"只能得出尚未解决这样一个结论。（成田毅）

莫里斯·梅洛·庞帝

人物年表

1908年	生于法国的罗什福尔。
1942年	《行为的结构》出版。
1945年	《知觉现象学》出版,与萨特共同创办《现代》杂志。
1947年	《人道主义与恐怖》出版。
1948年	《有意义与无意义》出版,任里昂大学教授。
1949年	任巴黎大学教授。
1952年	任法兰西学院教授,离开《现代》杂志。
1955年	《辩证法的历险》出版。
1961年	因心脏突然停搏去世。

◆ 雅克·德里达（1930— ）

对声音语言优先的形而上学观点的批判

来自古希腊哲学的声音语言中心主义，德里达对这种观点批判的背后反映了解构主义的观点。

对形而上学批判

回顾一下从古希腊哲学到现代哲学的历史，其中隐藏着一种共同的被咒语镇住的东西，而在德里达看来，正是这种被咒语镇住的东西才是以声音且以言语中心为主的形而上学。

所谓言语是指：词汇、理论、理性与语言行为等，形而上学即建立在这个言语中心之上。此外，所谓的声音语言优先的含义，直截了当地说，就是上帝的语言，西方历史形成于声音言语优先，而形而上学则建立在此基础之上。德里达的工作就是批判分析这种形而上学的观点。

对目前观点的批判

声音言语来自具体事物。譬如柏拉图的理念、亚里士多德的形相以及黑格尔的绝对精神等等。形而上学所重视的就是这些显现的、目前的事情，即所谓"眼前"的事情，譬如，文章中所叙述的意义或者现下所显现的所谓穷极真理等等。德里达要批判的正是这点，他认为出现在自我面前的这种所谓的眼前等等的存在方式是不可能的。即使是"向着自我而来"，其实自我已经不再存在。

理解文本背后的含义

德里达认为：存在不显现主体的事物，文字语言就是文本，文本中存在所要表述的含义。换句话说，即通过解读文本，特别是对形而

上学文章中所要表达的或者是要反对的观点进行分析,以此理解文本背后所要表达的含义,这种方式称为解构主义。(成田毅)

雅克·德里达

人物年表

1930年	生于阿尔及利亚。
1967年	《本原——关于文体学》、《书写与差异》出版。任高等师范学校副教授。
1972年	《撒播》出版。
1974年	《丧钟》出版。
1992年	被剑桥大学授予名誉博士头衔。

> **附注** 德里达虽被剑桥大学授予名誉博士,但因不少人对此仍持有疑义而议论纷纷。

◆ 吉尔·德勒兹（1925—1995）

从源头对经验论与观念论的批判

对构成欧洲哲学的基本观点——经验论和观念论进行批判的是德勒兹。德勒兹认为认识的主体并非实体。

对柏格森观点的再次肯定

考察欧洲的哲学史可以发现大致可分为两种不同的观点，即经验论与观念论。德勒兹对形成这两者的基础进行了批判性的解释。所谓经验论就是在认识上对知识起源求助于经验的认识，如英国的经验论与实用主义等。观念论则认为知识来源于精神与意识。

经验论认为认识的主体是自我，但这个主体并非是一个实体。按照德勒兹的观点，主体是展开自我的运动，也是生成其他元素的运动。在观念论方面，德勒兹反对黑格尔和辩证法，而对柏格森再次作了肯定。关于"生"的观点，柏格森认为是内在的冲动形成进化，德勒兹则更近了一步，认为"生"是生成其他的一种运动。也就是说，主体是生，因运动而"持续"、因生成而形成"与自我的差异"，并非如辩证法所说的由否定决定运动，运动有其自身的规律。

摆脱咒语的束缚

在哲学史上，对观念的定义各种各样，并且反反复复，而德勒兹所关注的就是这种反复。所谓反复就是：一种东西在演变成另一种东西的瞬间又立刻变化为另一种东西以至无穷。要对这种变化进行分析非常困难，从感性或者理性的人类的认识方法看它并非是独立的，通过反复变化的东西来观察反复的精神意识才是应该加以重视的。德勒兹证实按照这种"差异"与"反复"来克服被咒语所束缚的哲学。（成田毅）

吉尔·德勒兹

人物年表

1925年	生于法国的巴黎。
1944年	就读于巴黎大学文学系。
1947年	通过哲学教授考核。
1948年	任巴黎第八大学哲学教授。
1957年	成为索邦的助手。
1960年	任国立学术研究中心研究员。
1962年	《尼采与哲学》出版。
1964年	任里昂大学副教授。
1965年	《尼采》出版。
1966年	《柏格森的哲学》出版。
1967年	《马索克与萨德》出版。
1968年	《差异与重复》以及《斯宾诺莎与实践哲学》出版。
1969年	任巴黎第八大学教授。
1971年	加入福柯创立的〈监狱信息集团〉GIP。
1975年	与加塔利合著的《卡夫卡》出版。
1981年	《弗朗西斯·培根 感觉的逻辑》出版。
1983年	《电影1》出版。
1987年	辞去巴黎第八大学教授职务。
1990年	《符号与事件》出版。
1993年	《批评与临床哲学》出版。
1995年	从自己所居住的公寓坠楼自杀。

◆ 卡尔·R.波普（1902—1994）

精神分析与黑格尔哲学的有害性

波普认为科学并非是对真实的描述，而仅仅是解决问题的一种假设。

不能被反证的就等于什么都没有说

科学是对真实的表述，人们往往持有这种想法。而波普就对这种观点进行了批判，在科学的方法论上提出了尖锐的意见。波普认为科学理论并非是对真实的表述，只是解决各种问题的一种假设，这些假设不断地呈现在基于事实的评判前，因而具有反证的可能性。

精神分析不可称为科学

精神分析是对无意识领域中所发生的压抑行为进行分析的理论。人类具有一种无意识的行为，多少都带有一点压抑的东西。即使有不认可精神分析理论的人存在，但同时也可以说明持有这种观点的人其实多少也有一种压抑性的因素在起作用。也就是说，精神分析理论中包含着不可反证的因素。德勒兹认为这种结构的理论是不能被称为科学的，甚至有时是有害的。不仅如此，德勒兹批判的矛头还指向了柏拉图、黑格尔与马克思主义以及全体主义。

还有一点顺便需要说一下的是逻辑实证主义。逻辑实证主义者认为不存在验证方法，要么是分析陈述，要么是无意义的陈述，两者必居其一。但波普所考察的是科学与非科学的区别，从根本上说是与逻辑实证主义所涉及的两个不同领域。我们把波普这种从批判的角度看我们世界的观点称为"批判的理性主义"。（成田毅）

卡尔·R.波普

人物年表

1902年	生于奥地利的维也纳。
1922年	取得大学入学资格,进入维也纳大学学习。
1930年	任中学教师。
1935年	《科学的发现方法》出版。
1937年	从希特勒统治下的维也纳迁居至新西兰,前往坎特伯雷大学赴任。
1945年	反马克思主义的《开放社会与其敌人》发表。
1949年	在伦敦大学教授伦理学、科学方法论。
1957年	《历史主义的贫困》发表。
1965年	被授予骑士爵位。
1969年	辞去伦敦大学所担任的职务。
1982年	被授予名誉勋爵。
1994年	因患肺炎与肾功能障碍去世。

附注 就学于维也纳大学的波普对维也纳学术团体进行了激烈的批判。

作者介绍

●**江川晃**（EGAWA AKIRA）

日本大学文理系讲师。1954年生于神奈川县，1979年毕业于千叶大学园艺系，1990年取得日本大学研究生院文学研究系博士学位。主攻：实用主义、符号学。论文：《皮尔斯的符号论与认识》（符号学研究第12期，东海大学出版社）、《皮尔斯与指号过程·认知·自我意识》（符号学研究第14期，东海大学出版社）。著作：《西方思想要点遍览》（合著，北树出版）、《哲学轨迹》（合著，北树出版）、《二十一世纪的哲学》（合著，八千代出版）。

●**金森修**（KANAMORI OSAMU）

东京大学研究生院教育研究系副教授。1954年生于北海道，曾任职于筑波大学、东京水产大学。著作：《法国科学认识论系谱——康基兰、达高涅、福柯》（劲草书房、第12届 SHIBUSAWA CLAUDEL PRIZE）、《巴什拉——科学与诗》（讲谈社）、《科学之争》（东京大学出版会，第26届山崎奖·第22届三得利学艺奖）、《现代科学论》（合著：金森修 井山宏幸，新曜社）、《遗传因子改造社会 你如何应对？》（合著：金森修 池田清岩，洋泉社新书）、《科学论之现在》（编写：金森修 中岛修人，劲草书房近期出版）。

●**河本英夫**（KAWAMOTO HIDEO）

东洋大学文学系教授。1953年生于鸟取县，1982年毕业于东京大学研究生院；学完理学研究系全部课程。著作：《自创生理论——第三代体系》（青土社）、《自创生理论——2001每天都有新的认识》（新曜社）、《自创生理论的扩张》（青土社）。

●**高桥昌一郎**（TAKAHASHI SHOUICHIROU）

国学院大学文学系教授。1959年生。毕业于西密执安大学数学系及哲学系。密执安大学研究生院哲学研究系硕士研究生。主攻：伦理学、哲学。主要著译作：《哥德尔哲学》（讲谈社现代新书）、《科学哲学的劝诫》（丸善）、《悖论》（合著，日本评论社）、《环境与人类》（合著，岩波书店）。译作：《哥德尔之不完备性定理》（丸善）、译作：《哲学幻想》（丸善）。

● **田中裕**（TANAKA YUTAKA）

上智大学文学系哲学教授。1947年生于东京。东京大学理学系数学专业毕业后，进入研究生院专攻科学哲学。著作：《从悖论到存在 科学哲学·宗教哲学论考》（行路社）、《怀特海》（讲谈社）。

● **樽井正义**（TARUI MASAYOSHI）

庆应大学文学系教授。1947年生于东京。专攻方向：伦理学。著作：《社会哲学领域》（合著，晃洋书房）、《康德与生命伦理学》（合著，晃洋书房）、《了解艾滋病》（合著，角川书店）。译作：黑格尔的《法权哲学》（合译，未知谷）、康德的《人伦的形而上学》（合译，岩波书店）。

● **西胁与作**（NISHIWAKI YOSAKU）

庆应大学文学系教授（哲学）。1947年生于新潟县。著作：《幼态成熟——成长与进化》（《孩提时代》现代哲学的冒险2，岩波书店）、《自我与大脑》上下卷（合译，思索社）。

● **成田毅**（NARITA TAKESHI）

1964年生于青森县。弘前大学人文系毕业。曾担任精神医学系杂志编辑，现为自由撰稿人、编辑、作家。编著作：《利用关键词了解最新心理学》（洋泉社新书）、《没有比心理学更能令人惊讶的学问》（PHP编辑组）、《博采众家 心理疾病与精神医学》（合著，纳之美社）

坂本百大（SAKAMOTO HYAKUDAI）

青山学院大学名誉教授。1928年生。主攻：分析哲学、科学哲学、技术哲学、逻辑学、符号论、生命伦理学以及语言哲学等。1954年毕业于东京大学文系哲学专业。1956年修完东京大学研究生院人文科学研究专业哲学硕士的全部课程。曾留学美国约翰·霍普金斯大学、加利福尼亚大学。历任青山学院大学教授及日本大学教授。日本哲学科学会会长、日本符号学会会长、日本生命伦理学学会会长。还曾任放送大学客席教授。著作：《人类机械论哲学》(劲草书房)、《语言起源论新展开》(大修馆书店)、《正义与无秩序》(国际书院)、《哲学之人类学》(放送大学教育振兴会)、《科学哲学——哲学之现代转换》(北树出版)等。